부패전쟁

삼성이 초일류기업이 될 수 없는 이유

부패전쟁
삼성이 초일류기업이 될 수 없는 이유

초판 1쇄 인쇄 2011년 9월 27일
초판 1쇄 발행 2011년 10월 4일

지은이 부경복
펴낸이 김세영

펴낸곳 도서출판 프리스마
주소 121-839 서울 마포구 서교동 381-38 3층
전화 02-3143-3366
팩스 02-3143-3360
이메일 webmaster@planetmedia.co.kr
출판등록 2005년 10월 4일 제 313-2005-00209호

ISBN 978-89-966482-1-5 03320

부패전쟁
CORRUPTION WAR

삼성이 초일류기업이 될 수 없는 이유

■ 변호사 **부경복** 지음

프리스마

■

살아남는 것은

강한 종(種)도 가장 지능이 높은 종도 아니며

변화에 가장 빠르게 적응하는 종이다.

– 찰스 다윈 –

■

우리가 좋은 성과를 거둘 수 있는 것은

공이 '있는' 곳을 '보면서' 경기하지 않고

공이 '움직일' 방향을 '생각'하면서 경기하기 때문이다.

– 스티브 잡스 –

기업 부패방지의 시대적 변화와
우리 기업의 미래

"삼성그룹 전체에 부정부패가 퍼져 있다."

2011년 6월, 삼성그룹의 내부감사 과정에서 삼성테크윈 임직원들의 내부비리가 적발되자 진노한 이건희 회장이 이를 공개적으로 질타하며 한 말이다. 삼성그룹은 부정부패를 뿌리 뽑기 위해 '빅 배스(Big Bath: 대규모 정화운동)'에 나섰다. 이러한 부정부패의 문제는 다른 대기업들은 물론 중소기업들도 크게 다르지 않거나 때로는 더 심각해 보인다.

그러면 초일류기업을 표방하는 우리나라 대표기업 삼성에서도 이러한 기업 부패행위가 널리 퍼져 있는 이유는 무엇일까? 우리의 연구에 따르면, 세계 시장 경제에서 반부패 압력이 갖는 의미를 제대로 이해하지 못하고 여전히 기업 부패행위를 '비윤리적인 개인의 문제'로 보고 있는 데 중요한 이유가 있다.

이 책은 초일류기업으로 발돋움하고자 하는 우리나라 기업들이 달라진 세계 경제 환경 속에서 기업 생존과 경쟁력의 필수 요소로 등장하고 있는 부패방지 문제를 새로운 시각으로 보도록 하고 이에 관한 실천적 해결 방안을 모색하기 위한 것이다.

삼성을 예로 든 이유는 세계 경제 환경의 변화를 맨 앞에서 맞을 수밖에 없는 우리나라 대표기업 삼성의 경우를 이야기하는 것이 이 책의 요지를 가장 효과적으로 전달할 수 있다고 보았기 때문이다. 이 책의 부제가 "삼성이 초일류기업이 되기 위한 조건"이 아니라 "삼성이 초일류기업이 될 수 없는 이유"인 까닭은 적어도 우리가 보기에는 아직까지 우리나라 기업들이 부패방지 문제를 제대로 인식하지 못하고 있기 때문이다.

나는 기업 부패방지 전문 변호사로 10년 넘게 일하면서 기업들이 감추고 싶은, 그래서 외부에는 알려지지 않은 사건들을 무대 뒤에서 많이 보아왔다.

서울과 미국 캘리포니아 주 팔로알토(Palo Alto)를 오가며 국내외 여러 기업들에 대한 자문 업무를 맡고 있다. 팔로알토는 샌프란 시스코(San Francisco)에서 남쪽으로 40분 정도 거리에 있는 도시로, 주위에 스탠퍼드 대학(Stanford University)과 구글(Google), 애플(Apple), 페이스북(Facebook), 트위터(Twitter) 등 여러 회사들의 본사가 있다. 그러다 보니 우리나라 기업들과 해외 기업들을 여러 각도에서 비교해볼 수 있게 되고 부패방지에 관한 미국의 동향과 세계적인 움직임도 자주 접하게 된다.

이 책은 크게 세 장으로 구성되어 있다.

제1장 '룸살롱 비즈니스의 나라'에서는 우리 기업들이 처한 부패 환경의 단면과 미국을 중심으로 한 세계의 기업들이 부패방지를 어떻게 자신에게 위협적인 경쟁자들을 제거하는 경영전략 요소로 이용하고 있는지 살펴볼 것이다.

제2장 '부패 경제 분석'에서는 주는 뇌물의 문제를 중심으로 기업의 부패방지는 개인의 윤리 문제가 아니라 기업 전략의 문제이고 시스템의 문제임을 이야기할 것이다. 기업의 부패방지를 개인의 윤리 문제로 보는 잘못된 인식은 이에 대해 잘못된 진단과 잘못된 처방을 내리게 만들고 기업의 자원과 노력을 낭비하게 만든다.

제3장 '초일류기업의 부패방지 조건'에서는 우리나라 기업들이 세계 초일류기업으로 한 단계 발돋움하기 위해 갖추어야 하는 부패방지 시스템은 어떠한 요건을 갖추어야 하는지 그 실천적인 방

법을 제시할 것이다.

수천 년 전 미개 사회의 인류는 자신이 질병에 걸리고 사망에 이르는 것을 신의 형벌이나 불의의 사건이라고 인식하고, 몸을 때리거나 상처에 흙을 바르거나 가축을 죽여 제물로 바쳤다. 그러나 질병과 사망은 전혀 개선되지 않고 오히려 악화되었다. 이에 관한 인류의 연구는 이러한 질병과 사망을 초래하는 핵심적인 원인을 파악하기에 이르렀고, 이를 효과적으로 예방하고 치료할 수 있는 기술을 개발해냈으며, 이로 인해 인간의 평균 수명은 획기적으로 늘어났다.

300년에 불과한 자본주의의 역사, 50년 남짓의 한국 자본주의 역사에서 우리나라 기업들은 부패라는 기업의 질병과 사망 요인에 대하여 잘못된 진단과 처방을 내리거나 방치함으로써 시간과 비용을 낭비하고 사태를 악화시켜왔다. 이에 관한 전문가들의 연구는 이러한 부패 문제를 효과적으로 예방하고 통제하며 적발할 수 있는 기법들을 발전시켜왔다. 이런 의미에서 기업의 부패방지 문제를 연구하고 부패라는 기업의 질병과 사망 요인에 대한 예방책을 마련하며 진단과 처방을 내리고 개선방안을 제시하고 실행하는 우리와 같은 부패방지 전문 변호사들은 '기업의사'인 셈이다.

우리는 이 책에서 이러한 논의를 효과적으로 전달하기 위해 삼성을 비롯해 우리 사회에서 영향력이 큰 몇몇 직업군의 부패 사례를 이야기할 것이다. 그러나 이 책의 목적이 삼성이라는 기업을 흠집 내는 데 목적이 있는 것이 아니듯이(이러한 흠집내기는 부패 문제의 핵심과 해결 방법을 제대로 이해하지 못한 잘못된 접근방법이라고 생각한다) 이러한 직업군들의 부패 사례 역시 부패방지를 위한 우리의 생각을 성장시키는 단초로서 이해해야 한다. 이를 어려운 환경에서 꿋꿋이 자신의 소신을 지켜나가는 대다수의 해당 직업군 종사자를 폄하하는 것으로 이해하는 것은 이 책의 의도를 전혀 잘못 이해한 것이다.

나는 우리나라에서 기업 부패 문제가 발생할 때마다 등장하는 대형 법률사무소에서 7년간 근무하다가 지금은 부패방지 분야 전문 법률사무소인 TY & PARTNERS(http://www.tynps.com)에 몸담고 있다. 어찌 보면 기업 부패에 관하여 양 극단을 오가며 많은 일들을 보아온 셈이지만, 변호사로서의 비밀 유지 의무로 이 책에 내가 본 모든 일들을 담을 수는 없다. 이에 관한 내 생각들은 소셜네트워크 사이트 http://noophi.com/에서 공유하고 있고(ID: KB Boo) 이 책의 밑거름이 되어주었다.

이 책을 쓰는 동안 TY & PARTNERS 식구들의 도움을 많이 받았다. 부패방지에 관한 자문을 하면서 만난 국내외 여러 기업들의 관계자들은 이 책의 절반을 써준 셈이다. 개인적인 사교그룹인 곰돌그룹의 친구들은 내게 많은 지적 영감을 불어넣어주었다. 나의 아버지는 적극적인 도전정신을, 어머니는 신중한 통제력을 물려주셔서 나를 다중이로 만들어주셨다.

끝으로 이 책의 가장 큰 공헌자는 희미한 여명 속에서 다가올 아침을 남보다 앞서 인식하고 변화하는 환경을 자신의 경쟁 요소로 만들 의지와 능력을 가진 사람, 바로 당신이다.

캘리포니아 주 팔로알토에서

변호사 부경복

제1장

룸살롱 비즈니스의
나라

왜 해외 언론들은 최근 들어 부쩍 우리나라와 우리 기업들을 부패국가, 부패기업들로 지목
하고 있을까? 왜 유독 우리나라는 경제력 세계 10위권, 반부패지수 세계 40위권이라는 큰
격차를 보이는 것일까? 왜 부패 문제를 지금까지의 기업 윤리의 문제가 아닌 새로운 경영
리스크로 보고 이에 대응해야 하는가? 왜 세계적 기업들이 부패방지를 경영전략 요소로
삼기 시작했는가? 미국을 비롯한 세계 경쟁자들이 빼어 든 반부패의 칼날은 누구를 겨냥
하고 있는가?

01

왜 우리는 부패를 이야기하는가?

1. 부패방지는 기업 경쟁력이다

오리구이집 이야기

내가 어렸을 때 아버지께서는 대기업에 전자기계 부품을 납품하는 공장에서 일하셨다. 대기업들은 예나 지금이나 자신들이 공급받는 제품의 품질을 유지하기 위해 협력업체들에 대한 정기적인 실사를 한다. 실사를 받는 협력업체 입장으로서는 실사를 나오는 대기업 직원들이 자신의 밥줄을 쥐고 있는 셈이다. 반대로 실사를 나오는 대기업 직원 입장에서는 이러한 실사가 협력업체들로부터 후한 접대를 받을 수 있는 좋은 기회다. 그래서인지는 모르겠으나 대부분의 회사에서 부장급 이상의 간부 직원들이 자신의 수행비서나 다름없는 과장급 후배 직원을 데리고 협력업체 실사를 나온다.

1990년대 말 외환위기 이전만 해도 한국의 대기업 간부 직원들은 대부분 현업에서 다소 떨어져서 결재 도장을 찍는 일로 시간을 보내면서 협력업체로 실사를 나오곤 했다. 경기도 남부 국도를 한참 달려서 오전 10시가 지나 공장에 도착한 대기업 간부 직원들은 사장실에서 귀빈 대접을 받으며 실사를 시작한다. 협력업체 사장의 온갖 아부성 인사를 받고 그 공장에서 나름 가장 어리고 예쁜 여비서가 서빙해준 믹스드 커피를 마시며 수다를 떨다가 공장을 한 바퀴 돌아보면, 어느새 시간은 11시 30분이 훌쩍 넘어 있다.

협력업체 사장에게는 이때부터가 중요하다. 시골에 공장이 있다 보니 근처에 변변한 식당이 없어서 조금 떨어진 오리구이집을 예약해두었는데 괜찮으실지 신호를 보낸다. 실사 나온 대기업 부장은 이것도 다 먹고 살자고 하는 일인데 밥은 먹어야 하지 않겠냐고 넉살을 떨며 화답한다. 사람 좋아 보이는 협력업체 부장은 이미 차를 대기업 부장 옆에 대고 차 문을 열고 있다. 차가 시골길을 달리기 시작한다. 공장이 시골이라서 식당이 없다더니 차가 더 시골길로 달리는데도 아무도 이의를 제기하지 않는다. 한참을 달리다 보니 산자락 아래에 넓게 자리 잡은 오리구이집 하나가 덩그러니 기다리고 있다.

일행이 탄 차가 들어서니 젊었을 때 조금 노셨을 법한 식당 여주인이 마루 끝에 서서 일행을 기다리고 있다. 협력업체 사장과 대기업 부장, 식당 여주인 간에 마치 초등학교 동창인 양 떠들썩한 인사가 한바탕 오간다. 저만치 뒤에 떨어져서 눈치를 보며 걸어오는 실사 따라온 대기업 과장에게 식당 여주인이 아마추어같이 왜 그러냐는 눈빛을 보내며 어깨 터치로 등을 떠민다. 아까부터 바삐 움직이고 있던 식당 여직원들을 향해서 식당 여주인이 "너희들은 손님 안 모시고 뭐하니"라며 괜한 혼을 내고 나면 그때서야 일행은 모두 편해진다.

늦은 오후 협력업체 사장실 안에서 술기운이 완연한 대기업 부장 옆에서 괜히 더 취한 척하는 협력업체 사장이 남양주 쪽에 남자한테 진짜 좋은 농장 겸 식당이 있는데 부장님을 거기 꼭 한번 모시고 가야 한다는 그리 설득력 없는 주장을 늘어놓는다. 그사이 협력업체 부장은 실사 따라온 대기업 과장에게 실사보고서 작성에 필요한 자료들을 친절하게 챙겨준다. 협력업체 사장은 4시 30분이 되자 벽시계를 쳐다보며 퇴근 시간이 되면 서울 들어가는 길이 많이 막힐 텐데 조금 일찍 출발하시는 것이 어떠냐고 조심스러운 신호를 보낸다. 대기업 부장이 대기업 과장을 향해 "김 과장 우리 볼 것 다 봤지" 하는 하나 마나 한 화답을 하면, 실사 일정은 이것으로 마무리가 된다. 차에 오르는 대기업 부장의 등 뒤에서 다음에는 남자한테 진짜 좋은 식당에서 꼭 한번 모시겠다는 협력업체 사장의 약속이 등을 떠민다. 운전은 수행 과장이 하는데 가시는 길에 기름 넣으시라며 꺼내 든 흰 봉투는 부장 주머니에 밀어넣는다.

까칠한 대리 이야기

오전 8시 50분부터 처들어온 대기업 대리 두 놈 때문에 협력업체 사장은 연신 땀을 닦으며 괜한 날씨 탓만 하고 있다. 협력업체 사장들 사이에 악명이 높아 마음의 준비를 하고는 있었지만, 유독 이놈의 대기업은 수준 안 맞게 꼭 대리급이 실사를 나온다. 게다가 매번 올 때마다 자꾸 사람이 바뀌어서 작전 수립도 어렵다. 어려서 그런지 연신 던지는 농담도 받아줄 줄을 모른다.

내부 규정상 점심은 협력업체 직원식당에서 먹도록 되어 있다며 12시 5분 전까지 공장 구석구석을 헤집고 다니더니 6시 30분까지 체크 리스트를 채우고 떠나는 길에는 추가로 받아야 할 자료 목록까지 놓고 갔다. 이러다가는 오리구이집 여사장까지 굶어 죽게 생겼다.

실사 때마다 까칠한 대리 2명을 보내던 이 회사는 지금의 삼성 전자다.

초일류기업 삼성의 조건

삼성은 우리나라 다른 기업들이 기업 부패가 기업의 경쟁력을 얼마나 갉아먹는지 충분히 인식하지 못하고 "사람 사는 데 그럴 수도 있는 일"이라고 생각하던 시절에 그 중요성을 앞서 인식하고 철저하게 관리해왔다. 이처럼 시대를 앞서 갔던 인식과 행동은 국 내 경쟁자들을 제치고 오늘날 한국의 최고 기업이라는 명성으로 보상받았다. 그런 삼성이 지금은 오히려 그 부패 문제에 발목이 잡 혀 혼란스러워하고 있다. 그사이 세계 경쟁 시장 환경은 부패 문제 를 단순한 기업 윤리의 문제를 넘어서 경영전략적으로 활용하는 상황으로 변화되고 있다.

이건희 삼성전자 회장은 9일 삼성그룹 전반에 부정부패가 퍼져 있다고 지적했다.

이에 따라 임직원의 '일탈행위'가 경영진단 평가 과정에서 적발돼 오창석 사장이 곧바로 사표를 낸 삼성테크윈뿐 아니라 삼성 전 계열사에 대한 광범위한 감사와 인적 쇄신이 뒤따를 것으로 보인다.

이 회장은 이날 오전 8시께 서울 서초동 삼성전자 사옥에 있는 집무실로 출근하는 길에 로비에서 기자들과 만나 "그룹 계열사에 대한 대대적인 인적 쇄신을 염두에 두고 있느냐"는 질문에 "삼성테크윈에서 부정부패가 우연히 나와서 그렇지 삼성 그룹 전체에 퍼져 있는 것 같다"고 말했다.

《연합뉴스》 2011. 6. 9.

과거 삼성은 기업 내 반부패를 중요한 경쟁력 요인으로 삼아 오늘날 세계 1위 반도체 기업에 올라섰다. 그러나 불과 10여 년 만에 이건희 회장은 바로 그 부패 문제가 삼성 전체의 근간을 흔들고 있다며 격노하고 불안해하는 입장에 처했다. 이는 단지 삼성의 문제만이 아니다.

한반도 긴장 외에 기업 책임 문제가 한국 시장을 저평가하는 코리아 디스카운트 요인으로 작용하고 있다.

영국 《파이낸셜타임스》 서울 지국장 2010. 8. 31.

부패 문제는 이제 세계 시장에서 중요한 자리를 차지하고 선진국의 문 앞에 서 있는 우리나라 전체의 발목을 잡는 요인이 되고 있다.

우리가 느끼기에는 그래도 옛날에 비하면 많이 좋아진 것 같은데, 왜 해외 언론들은 오히려 최근 들어 부쩍 우리나라와 우리 기업들을 부패국가, 부패기업들로 지목하고 있을까? 부패의 문제는 어느 나라 어느 기업에나 다 있는 문제인데, 왜 유독 우리나라는 경제력 세계 10위권, 반부패지수 세계 40위권이라는 큰 격차를 보이는 것일까? 무엇이 우리나라를 아시아의 다른 경쟁국들에 비해서도 유난히 부패 문제가 심각한 나라로 만들고 있는 것일까? 미국에서도 몇 년에 한 번씩 천문학적 숫자의 회계 부정 사건 같은 부패 문제가 터지는데도 왜 우리나라 기업들만 부패 문제에 발목이 잡혀 어렵게 쌓은 국제 경쟁력을 갉아먹어야 하는 것일까?

이 책은 이러한 의문에 답하기 위한 것이다. 우리는 이 책에서 2000년 이후 계속해서 강해지고 있는 반부패의 칼날이 누구를 겨냥하고 있는지, 그리고 왜 우리나라 기업들이 하루 빨리 부패의 썩은 동아줄을 잘라버리지 않으면 세계 시장의 경쟁 밖으로 추락할 수밖에 없는지를 살펴볼 것이다.

직업상 해외 여러 나라로 출장을 많이 다녀야 하는 나로서는 한국에 삼성이 있다는 것이 자랑스럽다. "Where are you from?"으로 시작되는 첫 인사에서 한국에 대해 잘 모르는 사람들에게 "네가 쓰고 있는 이 휴대폰 만든 회사가 있는 나라"라고 말하는 것만큼 먹히는 말도 없다.

그러나 국내외 여러 유수 기업들의 법률자문 업무를 하면서 그들이 대외적으로 알리고 싶은 부분과 숨기고 싶은 부분을 가릴 것 없이 속속들이 다 보아온 내 경험에 비추어보면, 삼성이 세계인의 존경을 받는 세계 초일류기업으로 한 단계 더 발돋움하기 위해서는 지금 또 한 번의 어렵고 중대한 변화가 필요하다. 기업 부패 문제를 윤리의 문제가 아닌 경영전략의 관점에서 바라보는 인식의 대전환을 이루지 못하면 삼성은 결코 세계 초일류기업이 될 수 없다. 미래의 삼성을 꿈꾸며 세계 시장에서 경쟁하는 우리나라의 다른 기업들은 더욱 그러하다.

2. 왜 지금 부패방지를 이야기하는가?

부패한 호랑이

우리나라가 비슷한 경제 수준의 다른 나라에 비하여 기업은 물론 사회 전반에 걸쳐 부패 문제가 심각하다는 것은 어제오늘의 일이 아니다.

국세청에 따르면, 2010년 국내 기업의 접대 비용은 4조7,000억 원이다. 이 가운데 룸살롱과 골프장에서 쓰인 접대비가 39퍼센트인 1조8,330억 원이다. 우리나라에서는 아직도 골프 접대비가 회사 비용으로 인정을 받는다. 단순하게 말하면, 회사가 낸 이익 100만 원은 과세의 대상이지만 이 돈으로 회사에 유리한 결정을 해줄 수 있는 지위의 사람과 골프를 치고 그 사람의 골프 비용을 대신 내주면 비용으로 인정되어 세금이 부과되지 않는다. 2003년부터 골프 접대비를 회사 비용으로 인정하지 않는 입법이 시도되었지만, 무슨 이유에서인지 8년째 입법에 실패하고 있고 2011년 올해도 또 실패했다.

2008년 유엔 반부패의 날을 맞아 부패 문제에 있어서 국제적으로 가장 권위를 인정받고 있는 부패 감시 비정부기구(NGO, Non-Governmental Organization)인 국제투명성기구(TI, Transparency International)가 발표한 뇌물공여지수(BPI, Bribe Payers Index) 순위에서 우리나라는 조사대상인 경제협력개발기구(OECD) 국가 14개국 중 13위를 기록했다. 우리나라 기업들이 국제 기업 활동 과정에서 공무원에게 뇌물을 줄 가능성이 OECD 최고 수준이라는 의미다. 국제투명성기구가 2000년부터 격년제로 발표하는 뇌물공여지수는 주요 26개국의 기업 중역 2,700여 명을 대상으로 한 인터뷰를 통해 산출한 것으로, 해외 기업 중역들이 우리나라 기업들을 어떻게 인식하고 있는지를 잘 보여준다.

이와 함께 국제투명성기구가 발표하는 부패인식지수(CPI, Corruption Perceptions Index)*에서도 우리나라는 오랜 기간 40위 전후를 오르내리고 있다. 요즘 어느 경제지표를 가져다 놓아도 세계 10위권에서 크게 벗어나지 않는 우리나라로서는 그 격차가 너무 크고 개선의 여지가 보이지 않고 있다. 부패인식지수는 점수가 낮을수록 부패가 심각한 지수로, 10점을 만점으로 하고 있다. 우리나라는 1999년 이후 2008년까지는 그나마 부패인식지수가 개선되어오다가 2008년 이후부터는 2008년 5.6, 2009년 5.5, 2010년 5.4로오히려 악화되고 있다. 아시아 국가 중에서도 유난히 부패인식지수가 낮아서 일본의 7.7, 홍콩의 8.4, 싱가포르의 9.3과도 큰 차이를 보인다.

국제투명성기구는 2011년에도 OECD 뇌물방지협약 이행에관하여 우리나라를 '소극적 이행국'으로 분류했다. 우리나라가 이에 관하여 지난해보다 전혀 나아지지 않았다고 보고 정치적 의지가 부족하다고 지적했다.

---

* 국가 사회 및 특정 기관의 부패 정도에 대한 관련자들의 인식을 지수화한 수치를 말한다. 부패인식지수는 주로 공공 부문의 부패에 초점을 맞추고 있다. 국제투명성기구는 매년 각 국가별로 공무원과정치인의 부패 정도에 대한 기업인과 애널리스트들의 인식 정도를 지수화하여 발표하고 있다.

한국은 관련 법을 제정해 해외 뇌물을 규제한 지 11년이 지났는데도 협약을 이행하려는 노력이 부족하다. 탈세, 배임으로 유죄 판결을 받았던 이건희 삼성전자 회장이 특별사면을 받은 것은 법 집행에 대한 형평성에 문제가 있다. 스폰서 검사들이 아직 기소되지 않은 점을 볼 때 한국 정부와 검찰이 해외 뇌물 금지 이행을 추진할 의지와 결정권이 있는지 의문이다.

국제투명성기구 2010년 OECD 뇌물방지협약 이행보고서 한국편

공무원의 부패 수준도 다르지 않아서 2011년 6월 반부패 네트워크가 전국 1,000여 명의 공무원을 대상으로 조사한 바에 따르면, 행정기관의 업무 처리 시 금품 제공이 처리 결과에 영향을 미친다는 답변이 61.9퍼센트에 달한다. 공무원 인사 시 금품이나 향응 제공이 관행적이라는 답변도 57.5퍼센트에 달한다.

2010년부터 2011년 8월까지 접대나 뇌물 혐의로 사회적 물의를 일으킨 기관만도 지식경제부, 국토해양부, 교육과학기술부, 농림수산부, 환경부, 조달청, 청와대 행정관, 검찰, 국세청, 감사원, 국민연금관리공단, 한국거래소, 증권감독원, 서울대학교, 서울특별시, 경기도, 인천광역시, 충청남도, 제주도, 보령시청, 부천시, 고양시, 남양주시, 양주시, 홍성군청 등 일일이 열거하기도 어려울 정도이고 중앙과 지방을 가리지 않는다. 지식경제부로부터 정부 과제를 수탁받는 출연연구원과 평가기관들이 2009년부터 2년 6개월간 과천 인근에서 법인카드로 쓴 접대비만도 총 10억 원에 달한다. 혹자는 이것을 보고 우리가 낸 세금이 돌고 돌아서 결국에는 룸살롱 아가씨의 애완견 파마 값으로 간다고 말한다.

허구한 날 비리척결을 외치는데도 근절되지 않는 이유가 도대체 무엇인지 궁금하다. 최근에 터져나온 각종 공직자 비리를 보면 "공직자가 있는 곳이면 비리도 있다"는 말이 맞을 정도다. 국토해양부 공무원들이 산하기관 주최 '목금 연찬회'에 참석해 향응을 제공받아오다 적발되더니 이번에는 지식경제부 공무원들이 역시 산하기관 직원들로부터 룸살롱 접대를 받은 사실이 드러났다. 전직 공군참모총장은 주요 군사기밀을 빼내 외국 군수업체에 넘겨주고 돈을 받아 검찰에 불구속 기소됐다. 이외에도 아직도 비리의 실체를 완전히 밝혀내지 못하고 있는 부산저축은행 불법 대출 사건, 지방자치단체 공무원들의 인허가 및 인사청탁 비리 등 모두 나열하기조차 어려울 정도로 비일비재하다. 구린내가 나도 너무 난다. 하루가 멀다 하고 터져나오다 보니 무감각해지다 못해 아예 관행쯤으로 여기고 척결 자체를 포기한 것은 아닌지 모르겠다.

〈연합뉴스〉 2010. 8. 4.

이제 우리나라 국민들은 우리나라 기업이나 공무원들의 부패 사건이 터져도 감각이 무뎌져가고 있다. 세상 사는 데 이런 문제는 다 있는 것 아니냐고 말하기도 한다. 그렇다. 어느 나라나 부패 문제는 있기 마련이다. 하지만 문제는 우리나라가 경제적 수준에 비해 그 정도가 유난히 심하다는 데 있다. 아시아의 문화적 특수성에서 그 원인을 찾아보고 싶지만 아시아의 다른 경쟁국가들과 비교한다 해도 유난히 더 심하다.

지난 50년간 우리나라가 이루어낸 경제 기적은 우리나라를 '아시아의 호랑이'로 칭하는 데 손색이 없다. 그런데 외국에서 보는 이 호랑이는 부패한 호랑이다. 이 호랑이는 자신의 다리를 썩게 만드는 부패에 익숙해져 아직까지 그 심각성을 알지 못하지만, 경쟁자들의 눈에는 이것이 아시아의 호랑이를 넘어뜨릴 수 있는 치명적인 약점으로 보인다.

새로운 경영 리스크 – 부패

이처럼 우리나라 기업들에게 부패 문제는 기업 내부적으로나 외부적으로 너무나 익숙하다. 우리나라 기업들은 이러한 부패가 만연한 기업 여건에 잘 적응하며 오늘날까지 성장해왔다. 때로는 피해를 보지 않는 선에서 타협하기도 하고, 때로는 그 덕분에 본래의 경쟁력 이상의 혜택을 누리기도 했다. 그런데 왜 이제 와서 부패방지를 다시 이야기하는가?

왜 부패 문제를 지금까지의 기업 윤리의 문제가 아닌 새로운 경영 리스크로 보고 이에 대응해야 하는가? 왜 세계적 기업들이 부패방지를 경영전략 요소로 삼기 시작했는가? 우리는 이에 관하여 세 가지 새로운 변화를 지적할 것이다.

첫째, 미국을 중심으로 하는 국제적 기업들이 아시아의 위협적인 경쟁자들을 제거하는 수단으로서 부패의 문제를 경영전략적으로 활용하기 시작했다. 그 강도는 아시아의 경쟁자들을 세계 시장에서 제거하는 수준에 이를 것이다. 이제 우리나라 기업들이 세계 시장에서 경쟁하기 위해서는 2008년 이후 본격적으로 쏟아지고 있는 각종 국제적 반부패협약에 서명하고 부패방지기구들의 혹독한 평가를 받으며 부패행위에 대한 천문학적인 제재 금액의 위험을 감수해야 한다.

둘째, 내부고발자에 대한 사회적 지지와 경제적 보상이 기업 부패행위의 적발 가능성을 획기적으로 높이고 있다. 내부고발자들은 디지털 기술의 고도화, 협업과 정보 공유의 증대, 내부고발자 보호 및 보상에 관한 사회적 지지와 입법적 조치에 힘입어 부패에 취약한 기업의 존폐를 위협하는 새로운 세력으로 등장하고 있다.

셋째, 자유무역협정(FTA, Free Trade Agreement)을 중심으로 하는 세계 단일 시장은 자국의 의사결정권자들이 세계 경쟁 시장에서 자국 기업을 위해 행사할 수 있는 영향력을 제거하기 시작했다. 과거 공무원에게 10을 주면 나라 안에서 1,000을 얻을 수 있었지만, 국가의 경계가 허물어진 세계 단일 시장 환경에서는 5도 챙기기 어려워졌다. 이제 자국 의사결정권자들에 대한 '관리'로는 비용 대비 '본전'도 찾기 어려울 뿐만 아니라, 부패의 비용 부담이 오히려 세계 시장 경쟁에서 부패기업들의 발목을 잡고 있다.

우리는 이 책에서 우리 앞에 현실로 다가온 위 세 가지 중대한 변화를 중심으로 부패의 굴레에서 벗어나지 않고서는 세계 시장에서 살아남지 못하도록 만들어가는 기업 환경의 새로운 변화에 관해 이야기할 것이다. 그러나 기업 부패방지를 윤리적 당위성의 관점에서 보는 시각에 관해서는 이야기하지 않을 것이다. 기업 부패방지를 윤리의 문제로 생각하는 것에 동의하지 않고 부패를 비윤리적인 개인의 문제로 보는 시각에 반대할 것이다.

기업 부패방지를 이와 같이 새로운 시각에서 바라볼 것을 요구하는 세계 경영 환경의 변화를 제때에 인식하지 못하고 때를 놓친다면, 우리나라 기업들은 세계 초일류기업은커녕 세계 시장에서 살아남을 수 없다는 것이 국내외 기업들의 무대 뒤에서 일하고 있는 우리의 생각이다. 이것이 바로 지금 부패방지를 이야기하지 않으면 안 되는 이유다.

미국의 반부패의 칼날은 누구를 겨냥하는가?

우리나라 기업 경영자들에게 미국 기업들의 부패방지 노력에 대해 설명하면, 대부분 "미국 회사들이야 먹고살 만하니까 그런 것도 신경 쓰는 거지, 우리가 뭐 그럴 겨를이 있나" 하는 반응을 보인다.

순진한 발상이다. 전제도 틀렸고, 관점도 틀렸고, 결론도 틀렸다.

먼저 전제가 틀렸다. 지금 미국 기업들은 먹고살 만한가? 이 글을 쓰고 있는 2011년 여름 미국의 경제 상황을 보자. 나라 자체가 디폴트(default: 국가 부도)의 문 앞까지 갔고, 신용등급은 역사상 최초로 A 하나를 상실했으며, 다우 지수는 폭락했다. 2011년 8월 미국의 경제 상황을 나타내는 주요 지표인 소비자신뢰지수(CCI, Consumer Confidence Index)는 최저 수준이고, 미래 경기 전망은 '비관적'이다. 2011년 8월에 발표된 미국의 신규 고용이 66년 만에 제로를 기록했다. 경제성장이 멈춰 선 셈이다.

그 다음으로 관점도 틀렸다. 미국 기업들이 그동안 돈은 벌만큼 벌었고 다른 나라들이 따라 오려면 한참 멀었으니 이제는 좀 착하게 살아보자는 생각으로 세계적인 부패방지기구들을 지원하고 있는 것일까? 아직 돈 버는 일이 급한 우리나라 기업들에게는 이러한 변화가 무관한 것일까? 미국 기업들이 한국 기업들은 아직 사정이 어려우니 부패행위를 하더라도 좀 봐주자고 해줄까?

우리는 우선 먹고사는 문제부터 해결한 뒤에 부패문제에 대해 생각해보겠다는 결론도 틀렸다. 2011년 7월 17일 영국의 경제지 《파이낸셜타임스(Financial Times)》는 미국 법무부와 증권거래위원회가 최근 들어 미국의 해외부패방지법(FCPA, Foreign Corrupt Practices Act)을 근거로 아시아, 남미, 아프리카 등 이머징 지역의 국영 기업들을 중심으로 부패 사례에 대한 감독을 강화하고 있다고 보도했다.

미국의 해외부패방지법은 1977년에 제정되었으니 2011년 올해로 34년이나 된 법이다. 그런데 특이한 것은 최근 3년간 미국의 해외부패방지법 위반 기소 건수가 과거 20년간의 전체 건수의 세 배가 넘는다. 의도적인 정책적 변화가 있지 않고서는 불가능한 수치다. 이러한 급격한 변화가 시작된 2008년은 미국이 금융위기를 겪으면서 미국 기업들이 자국 내와 세계 시장에서 모두 어려움에 처한 시점과 일치한다.

《파이낸셜타임스》는 다른 국가보다 미 당국의 기업 부정부패 감독이 공격적인 게 사실이라며 일부에서는 금융위기 이후 자국 기업들과 경쟁하는 해외 기업들의 기세를 꺾기 위한 정치적 의도도 숨어 있는 게 아니냐는 지적이 나오고 있다고 보도했다.

이 문제는 이 책의 뒷부분에서 좀더 상세히 살펴볼 것이다. 여기서는 미국을 중심으로 한 이러한 국제 자본 세력의 의도가 표면화되고 있음을 정확하게 지적한 신문기사 하나만 살펴봐두자.

미국 정부가 역사상 가장 강력한 '해외 기업 부패 사냥'에 나서면서 국내 기업들이 바싹 긴장하고 있다.

법 위반으로 적발된 글로벌 기업은 거액의 벌금을 내야 하는 것은 물론 최고경영자나 임원들이 현장에서 체포·수감되는 사례까지 발생해 새로운 경영 리스크로 부각될 조짐이다. 미국이 빼어 든 칼은 '해외부패방지법(FCPA)'으로 뇌물금지, 공정회계관리를 골자로 한다. 1977년 마련된 이 법은 그동안 적극적으로 적용되지 않았으나 최근 들어 적용 사례가 늘어나고 있다.

세계적 물류회사인 스위스 파날피나와 이 회사 고객인 셸 사 등 6개 에너지 회사는 지난해 11월 FCPA 위반으로 모두 약 2억3,650만 달러를 납부키로 미국 정부와 합의했다. 파날피나 사는 정유사 등 에너지 회사들을 위해 원유 시추 장비와 같은 장비들을 세계 여러 나라로 운송해주는 서비스를 제공해왔다. 이 회사는 이 과정에서 세관 통과가 지연되지 않고 신속하게 이루어지도록 하기 위해 나이지리아, 사우디아라비아, 알제리, 카

자흐스탄과 같은 나라 공무원들에게 2002년부터 2007년까지 약 2,700만 달러의 뇌물을 제공했다고 인정했다.

국제법률사무소인 깁슨(Gibson)에 따르면, 2004년 2건에 불과했던 미국 법무부의 FCPA 위반 기소는 2008년 20건에 이어 지난해 48건까지 늘어났다. 이 법을 근거로 미국 증권거래위원회(SEC)가 미국 증시 상장사들에 민사 책임을 물은 사례도 2004년 3건에서 지난해 26건으로 증가했다. 특히 FCPA와 관련해 외국 기업을 겨냥한 조사와 기소가 급증하고 있다. 미국 법무부에 따르면, FCPA 위반으로 가장 많은 벌금을 낸 10개 회사 가운데 8개 회사가 지멘스(독일), JGC(일본) 등 외국 기업이다.

미국이 해외 기업들 단속에 주력하는 공식적인 이유는 가격담합 재발률이 높아 추가적인 제재로 법의 실효성을 높이겠다는 것이다. 그러나 일부에서는 금융위기 이후 해외 경쟁 기업들을 길들이려는(?) 정치적 목적이 있는 것 아니냐는 의혹도 제기된다. 실제 FCPA 위반 기소는 미국발 금융위기 이후 급증했다. 특히 법 위반에 해당하는 범주가 이례적으로 광범위해 "웬만한 글로벌 기업은 언제든 걸릴 수 있다"는 것이 전문가들의 평가다. 일례로 FCPA는 기업이 사업과 관련해서 해외의 기업, 공무원, 정치 관계자 등에게 주는 '모든 가치 있는 것(anything of value)'을 뇌물로 간주한다. 정황에 따라 단 5달러짜리 선물이라도 뇌물로 해석될 수 있다. 미국에 지사가 없는 기업도 대상이며 미국 은행이나 우편, 전신을 거치기만 해도 미국의 관할권 내에 있다고 해석한다. 해외 사업 진출을 위해 고용한 대행사나 외주업체, 유통 업자들이 뇌물을 제공해도 고객사가 책임을 져야 한다.

전문가들은 아직 한국 기업이 부패방지법 위반으로 기소된 사례는 없지만 FCPA의 주요 타깃이 될 것으로 보고 있다.

한 미국 현지 로펌 관계자는 "미국 법무부가 지금까지 유전과 광산 업종 위주로 FCPA를 적용했다면 앞으로는 IT, 자동차, 조선 업종을 손댈 가능성이 높다"며 "한중일 국가 기업들로 파장이 번지는 것은 시간문제"라고 말했다. 특히 한국 기업들은 그동안 미국 정부로부터 가격담합 혐의로 가장 많은 제재를 받은 바 있어 이번 부패방지법의 희생물이 될 수 있다는 예측이다. 1996부터 올해 1월 말 현재 한국 기업들이 미국 법무부에 지불한 벌금은 총 12억3,500만달러(약 1조3,000억 원)로 외국 기업 가운데 가장 많다. 2009년 LG디스플레이는 4억 달러의 벌금을 물었고, 대한항공(3억 달러), 삼성전자와 삼성반도체(3억 달러), 하이닉스(1억8,500만 달러) 등도 반독점법망에 걸렸다.

미국 대형 로펌인 오멜버니 & 마이어스의 이언 시몬스 변호사는 "반독점법 집행에 있어 최근 미 법무부는 드러내놓고 외국 기업만 노리고 있다"며 "지난 2년간 고액의 벌금이 부과된 미국 기업은 하나도 없었다"고 말했다.

《매일경제》 2011. 7. 11.

곳간에서 인심 나는 것이 아니라 곳간을 빼앗기 위해 인심 문제를 공격하는 것이다. 미국이 부패방지를 전략적으로 활용하고 있다는 사실은 더 이상 음모론자들의 상상 속의 이야기가 아니다. 그동안 누누이 강조해왔던 우리의 전망이 이미 현실 속에서 확인되고 있다.

3. 부패란 무엇인가?

부패 3형제

기업 경영에서 부패란 "기업의 임직원이 자신 또는 제3자의 이익을 위하여 자신이 속한 기업과 관련된 제3자로부터 경제적 이익을 취득하거나 이러한 경제적 이익을 제공하는 행위"로 정의할 수 있다.

국제투명성기구는 "부패는 사적 이익을 위한 수탁권리의 남용 (Corruption is the abuse of entrusted power for private gain)"이라고 정의하고 있다. 우리의 부패에 관한 정의에는 이러한 자에게 이익을 주는 행위도 포함된다. 법률적으로 정확한 용어는 아니나 여기서는 이러한 이익을 쉽게 뇌물이라고 부르기로 하자. 금융, 법률, 의료와 같은 개별 분야별로 부패의 범위가 더 넓게 정의되어야 하는 경우도 있다.

서울중앙지법 형사합의22부(부장 김우진)는 28일 건설업자 정모씨로부터 사건 청탁과 함께 향응 접대를 받은 혐의(뇌물수수) 등으로 기소된 한승철 전 대검 감찰부장과 김모 부장검사, 직무유기 혐의로 기소된 이모 검사에게 모두 무죄를 선고했다. 앞서 같은 혐의로 기소돼 무죄 판결을 받은 정모 부장검사를 포함하면 민경식 특검팀이 기소한 검사 4명 전원에게 무죄가 선고된 것이다.

재판부는 한 전부장이 택시비로 100만 원을 받고 룸살롱에서 술을 마신 뒤 정씨가 대신 술값과 '화대'를 지불한 것은 사실로 봤지만, 뇌물죄 성립 요건인 청탁과 직무 관련성은 인정하지 않았다. 재판부는 "정씨는 4~5년 간 왕래가 없다가 2009년 1월 한 전부장을 만났고, 잘 알지도 못하는 다른 동석자들이 있는 자리에서 구체적인 사건 청탁을 했다고 보기는 어렵다"고 판단했다.

《한국일보》 2011. 1. 28.

내 직업이 변호사지만 건설업자로부터 룸살롱에서 접대를 받은 검사에 대하여 업무 관련성이 인정되지 않는다거나 청탁을 받은 사실이 인정되지 않는다는 이유로 무죄를 선고하는 법률 판단을 일반 국민이 얼마나 수긍할 수 있을지는 의문이다. 그 건설업자는 왜 하룻밤에 수백만 원씩 하는 술집에서 아무 도움도 되지 않고 잘 알지도 못하는 검사에게 술 접대를 했을까? 검사는 또 어떠한 생각으로 그러한 술 접대를 받았을까?

우리의 부패에 관한 정의는 이보다 더 포괄적이어야 한다. 따라서 대기업 직원이 협력업체로부터 명절 선물을 받는 것도 부패의 범위 안에서 보아야 한다. 어떠한 경우에 어느 범위에서 이러한 선물을 허용할 것인지는 그 다음의 문제다.

우리나라 기업들은 부패 문제를 세 가지로 나누어 생각하는 경향이 있다. 우리는 이 세 가지를 부패 3형제라 부른다.

첫째는 회사 돈을 유용하는 행위다. 회사에 피해를 주는 것이 명확하게 눈에 보이는 경우다. 기업들이 가장 눈에 불을 켜고 일벌백계한다.

둘째는 협력업체로부터 경제적 이익을 받는 행위다. 받는 뇌물이다. 나중에 설명하겠지만 경제적 '이익'을 받는다는 것은 '돈'을 받는 경우를 포함하지만 그보다는 넓은 의미다. 이 역시 바람직하지는 않지만 회사에 실제로 손해를 끼치는지는 경우에 따라서 다르다. 협력업체로부터 돈을 받고 경쟁력 없는 회사를 협력업체로 선정해주거나 납품 단가를 높여주면 회사에 손해를 끼치게 된다. 반대로 돈은 받아도 일은 제대로 처리하면 회사에서 눈감아줄 수도 있을 것 같다. 경우에 따라서는 박봉에 대한 불만을 해소할 수 있는 수단이 될 수 있을 듯하다. 하지만 회사로서는 위험 요소이므로 적발해 처벌하지 않을 수 없다.

셋째는 공무원이나 회사의 거래처에 접대를 하거나 이익을 주는 경우다. 주는 뇌물이다. 역시 '돈'을 포함하지만 반드시 '돈'만 경제적 '이익'은 아니다. 윤리적으로는 바람직하지 않지만 회사를 위하여 뛴 것이니 나무라기는 어렵다. 공무원의 경우에는 뇌물죄가 성립될 수 있어서 특히 조심해야 하지만, 투입 비용 대비 효과만 확실하다면 이런 직원도 없어서는 안 될 것 같다. 술상무라는 직책도 등장한다.

우리는 이 모든 경우를 부패의 틀 안에서 생각한다.

너나 잘 하세요

부패 3형제에 관한 생각은 단순해 보이지만, 사실 우리나라에서 기업 부패 문제가 유난히 심각한 이유에 대한 결정적인 단서를 제공한다.

아래의 대화를 들어보자.

이건희 회장 : 삼성의 자랑이던 깨끗한 조직 문화가 훼손되었다. 부정부패를 뿌리 뽑아야 한다.

경제개혁연대 김상조 교수 : 총수 자신과 가신들은 이 (비리 근절이라는) 원칙에서 예외라고 생각하는 것이 삼성의 지배구조가 갖는 가장 큰 문제점이다.

《이데일리》 이진우 기자 : 앞뒤가 안 맞는 것 같은 삼성의 이런 '방침'은 자세히 들여다보면 그 나름의 탄탄한 논리를 갖추고 있다. (중략) 뇌물을 주는 것은 잘못이 아니지만 뇌물을 받는 것은 잘못이라는 거다. (중략) 이건 이중적이거나 모순적인 행동이 아니다. 오히려 스스로의 원칙에 따라 움직인 결과다. 필요한 경우 뇌물을 주긴 하되 받지는 않는다는 것, 그게 바로 깨끗한 조직 문화라는 원칙이다. 뇌물을 주는 것은 비도덕적이지만 조직에 이롭고, 뇌물을 받는 것은 마찬가지로 비도덕적이지만 조직에 해롭다는 (생략)

누구는 뇌물 주고 싶어서 주나?

잠시 시간을 거슬러 1988년 소위 5공 청문회장으로 가보자. 당시 어린 나이의 내 눈에 인상 깊게 남은 사람은 두 사람이었는데, 한 사람은 고(故) 노무현 전 대통령이었고 다른 한 사람은 고 정주영 현대 명예회장이었다.

고 정주영 현대 명예회장은 뇌물성 기부에 대하여 추궁하는 의원들에게 "피땀 흘려 번 돈을 나인들 내고 싶어서 냈겠는가, 그 돈 안 내면 사업 못 하게 할 게 뻔한데 안 내고 버텨서 현대가 문을 닫았어야 옳았겠는가" 하고 반문한다. 그에게는 뇌물을 주고 현대를 계속 이끌어가던가 그런 돈 못 준다고 하고 현대 문을 닫던가 둘 중의 하나의 선택을 해야 했다는 것이다. 당신이라면 어떤 선택을 했겠느냐는 반문이다. 당신은 내 선택이 잘못되었다고 비난할 수 있느냐는 것이다.

우리는 여기서 부패 3형제의 셋째, 주는 뇌물에 대해 먼저 이야기할 것이다. 앞으로 이야기할 부패 문제에 관한 국제적 관심과 압력 역시 주는 뇌물에 관한 문제를 중심으로 이야기할 것이다. 부패 3형제의 첫째인 빼돌린 돈이나 둘째인 받는 뇌물의 경우는 이를 금지하고 방지하고 적발하고 제재해야 할 대상이라는 점에 대해서 우리나라 기업들은 이견이 없는 것 같다. 이를 위한 노력도 대단하다. 이들에 대해서는 현실적으로 이를 어떻게 금지하고 방지하고 적발하고 제재할 것인지의 문제로 바로 들어갈 수 있다. 이에 관해서는 이 책의 3장에서 자세히 이야기할 것이다. 그러나 부패 3형제의 셋째인 주는 뇌물에 대해서는 20여 년이 지난 지금도고 정주영 현대 명예회장의 생각이나 현재 우리나라 기업 경영자들의 생각이나 크게 다르지 않다는 것이 우리의 생각이다.

우리는 이 책에서 주는 뇌물을 경제적 측면에서 비용과 효용의 문제에 국한해 이야기할 것이다. 그러나 이것이 비용 대비 효용만

높으면 뇌물을 줘도 된다는 의미는 당연히 아니다. 경제적으로 이익이 되는 부패행위를 할 것인가 거부할 것인가는 가치의 문제이고 정당성의 문제다. 우리는 이러한 부패행위에도 당연히 반대하며, 기업들이 이러한 경제적 저울질을 할 때 지나치게 단기적이고 가시적인 이익만을 고려 대상에 포함시키는 잘못을 범하고 있다고 본다.

그러나 이러한 논의 이전에 기업의 부패가 경제적으로도 기업에 이익이 되지 않는다면, 또는 우리의 기업 환경이 그러한 방향으로 급속히 변해가고 있다면, 그러한 부패는 정당하지도 합리적이지도 않다. 이러한 부패는 변화에 적응하지 못하는 도태의 문제일 뿐이다.

살아남는 것은 강한 종(種)도 가장 지능이 높은 종도 아니며 변화에 가장 빠르게 적응하는 종이다.

찰스 다윈

우리가 좋은 성과를 거둘 수 있는 것은 공이 '있는' 곳을 '보면서' 경기하지 않고 공이 '움직일' 방향을 '생각'하면서 경기하기 때문이다.

스티브 잡스

02
왜 그들은 부패를 이야기하는가?

1. 위험관리가 아니라 경영전략이다

우리가 착한 사람이라서가 아니에요

오래 전 모 협회의 윤리경영전략위원회 회장을 맡고 있는, 포춘(Fortune) 500 기업 중 한 기업의 외국인 한국 지사장과 대화를 나눌 기회가 있었다. 당시 나는 '윤리경영 전략'이라는 말을 듣고 충격을 받았다. 그 당시만 해도 나 역시 윤리경영이란 "할 수 있으면 하면 좋은 것"으로 생각하고 있었다. 그런데 윤리경영이 '전략' 요소라는 말인가? '전략'이란 상대를 제압하는 작전 중 고차원의 것을 말하는 것이 아닌가? 투박한 외모의 외국인 사장이 세련된 말투로 말을 이어갔다.

제가 왜 이렇게 윤리경영을 정착시켜야 한다고 소리 지르고 다닌다고 생각하세요? 우리가 착한 사람이라서가 아니에요. 저는 뒷돈 줘서 매출 높이고 싶어도 못 해요. 그러다 걸리면 뉴욕증권시장 주가에 바로 영향을 줘서 주가가 곤두박질치고 나 바로 잘려요. 매출 증대도 좋지만 나 잘리면 무슨 소용이 있어요? 그래도 우리 제품은 좋아요. 그러니까 다른 회사들도 다 같이 뒷돈 못 주게 해야 우리 제품이 더 팔리는 거예요. 다 같이 윤리경영 해야 우리 회사가 살 수 있어요. 그래서 윤리경영을 전략으로 삼는 거예요.

그렇다. 그들이 착해서가 아니었다. 세상이 아무리 탁해도 나는 깨끗하게 살겠다는 것이 아니었다. 아무리 이익이 되더라도 더러운 방법으로 돈을 벌지는 않겠다는 윤리의 문제가 아니었다. 나도 못 주고 남도 못 주게 하겠다는 것이다. 나는 할 수 없는 일이니 남도 못 하게 하겠다는 것이다. 나는 못 하는 것을 하고 있는 적에게 부패의 낙인을 찍어 시장에서 몰아내겠다는 것이다. 그리고 내가 그 시장을 차지하겠다는 것이다. 그래서 더 많은 수익을 내겠다는 것이다.

우리나라 경영자들은 부패 — 특히 부패 3형제의 셋째 — 방지와 경제적 이익은 서로 상반된 관계에 있다고 생각하는 경향이 있다. 담당자에게 뒷돈 줘서 혜택을 받으면 회사로서는 이익일 수 있지만, 그러다 걸리면 개인적으로도 문제가 되고 기업 이미지나 브랜드 가치가 떨어져 결국 회사도 손해를 보게 된다. 그러니 조심해서 잘 하거나 영 위험하면 하지 않는 게 더 이익이라는 생각이다.

전국경제인연합회의 설문조사에 따르면, 기업 윤리가 기업 경영에 필요한 이유를 묻는 질문에 기업도 사회 구성원으로서 사회적 책임을 져야 한다는 대답과 사회적 분위기 때문이라는 대답이 93.2퍼센트를 차지한 반면, 윤리적인 기업이 수익성도 좋기 때문이라는 대답은 4.4퍼센트에 불과했다. 반대로 말하면 부패행위가 떳떳한 일은 아니지만 돈은 된다는 생각이다.

법을 강화하라고 말하는 기업들

다시 우리의 상식으로 돌아가보자. 기업 경영에 있어서 법이란 무엇인가? 이것 하지 말라, 저것 하지 말라 온갖 규제를 강요하는 것이 법이다. 몰래 하다가 걸리면 구속도 시키고 벌금도 물리게 하는 것이 법이다. 그러니 기업에게 법은 멀면 멀수록 좋다. 규제는 약하면 약할수록 좋다.

그러니 회사의 법무팀은 법률문제가 터졌을 때 뒷수습을 하는 것이 주업무다. 영업 예산은 돈 버는 예산이지만, 준법감시 예산은 잘해야 돈 쓰는 예산이고 대부분의 경우 돈 버는 것 막는 나쁜 예산이다. 영업을 위해서 고객과 골프 치는 돈은 아깝지 않지만, 효과적인 부패방지 정책을 수립하겠다고 예산 신청하면 너무 아깝다. 골프 영업은 생필품이지만 준법경영을 위한 자문 비용은 사치품이다. 영업부가 법무팀에 당신 월급은 누가 벌어다가 준 돈이냐며 큰소리를 치면, 법무팀은 주눅 든다.

그런데 여기 오히려 법을 강화하라는 정신 나간 기업들이 있다. 법을 강화하고 엄격하게 집행하도록 하는 입법자들에게 후원금도 낸다. 법 위반을 감시하고 준법 수준을 평가해대고 법 위반 행위를 언론에 터뜨리는 민간 기구를 지원하기도 한다. 그런 정신 나간 기업들이 세계 시장에서 우리나라 기업들이 경쟁해야 할 세계적 기업들이다.

왜 그들이 이처럼 정신 나간 짓을 할까? 대답은 간단하다. 부패방지를 더 엄격하게 하는 것이 자신들에게 유리하기 때문이다. 뇌물로 사업 기회를 따내는 경쟁자들에게 막대한 벌금을 물게 하고 궁극적으로는 시장에서 더 이상 활동할 수 없도록 하는 것이 그들에게 더 유리하기 때문이다. 물론 규제가 엄격해지면 나도 그 규제에 걸릴 수 있다. 하지만 내가 상처를 입으면 경쟁자는 치명상을 입는다. 시간이 지나면 나의 상처는 아물지만 경쟁자는 결국 쓰러진다. 이제 그들에게 반부패 규제는 없어지기를 바라거나 안 걸리도록 피해 다녀야 할 대상이 아니라 경쟁자들을 제거하기 위해 힘을 실어줘야 하는 무기가 된다. 반부패 규제가 강화될수록 내가 입는 상처와 경쟁자가 입는 치명상의 격차는 더 커져간다. 그럴수록 경쟁자는 더 빨리 쓰러지고 더 이상 일어날 수 없게 된다. 이제 그들에게 이러한 부패행위는 더 이상 위험관리의 대상이 아니라 경영전략의 요소가 된다. 부패방지에 관한 인식의 전환은 여기서 출발한다.

그래서 이들은 부패방지에 이니셔티브(주도권)라는 단어를 붙인다. 이들에게 부패방지는 이제 더 이상 안 들키고 잘 하는 문제가 아니다. 세계 경제 시장에서 외국 경쟁 기업들을 물리치고 우위를 점할 수 있는 주도권을 쥘 수 있는 전략 요소다. 이러한 부패방지 주도 전략(compliance initiative drive)의 움직임을 읽지 못하고 여전히 어두운 곳에서 안 들킬 궁리만 하는 기업들은 이들이 주도하는 시장 경쟁에서 낙오될 수밖에 없다.

우리는 1장에서 기업 부패 문제에 대한 국제적 압력과 그 의도에 관해 이야기할 것이다. 이를 위해서 먼저 우리 기업들이 대부분

이해하지 못하고 있는 세 가지 중요한 사실을 하나씩 설명할 것이다. 세 가지 모두 얼핏 들어서는 쉽게 이해하기 어렵지만, 향후 10년간 우리나라 대표기업들 중 한 곳 이상을 국제 경쟁에서 낙오시킬 중요한 요소다.

첫째, 우리나라 기업과 외국 기업이 똑같은 기업 부패 사건을 저지르더라도 외국 기업은 현재의 경영진을 퇴진시킬 수 있지만, 수십 년간 소유와 경영이 분리되지 않는 우리나라 대부분의 기업들과 이들에 의존하는 우리나라 경제는 영원히 이에 발목이 잡히고 상처가 누적되어 결국에는 생존을 위협받게 된다.

둘째, 자유무역주의가 국제 시장 경쟁의 탁자 위를 치워버리는 압력이라면, 반부패의 압력은 탁자 밑을 치워버리는 압력이다.

셋째, 부패했다는 사실과 부패한 기업으로 '평가'된다는 사실은 다른 것이다. 반부패 압력 압력 속에서 낙오되는 기업은 부패한 기업으로 '평가'되는 기업이고, 우리나라 기업들은 이러한 점에서 더욱 취약하다.

그들은 반부패의 압력으로 무엇을 할 수 있는가?

우리나라 기업 경영자들에게 회사 부패행위로 인해 회사가 입을 수 있는 손해가 어떤 것이 있는지 물으면 대부분 벌금을 이야기한다. 인식이 이렇다 보니 부패의 위험이 증가하는 상황에서도 이에 대한 대응으로 생각한다는 것이 고작 안 걸리게 조심하고 걸리면 잘 막는다는 것이다. 주는 뇌물이 적발되면 방지 대책을 수립하는 것이 아니라 담당 검사나 판사와 친분이 두터운 변호사를 찾는 것이 우선이다. 부패의 문제를 덮기 위해 전관예우라는 법조계의 또 다른 부패에 의지한다. 대형 법률사무소들은 법원, 검찰, 행정부의 퇴직 고위 관료를 인적 자산으로 구축하고 기다리다가 이런 기업들을 주요 고객으로 삼아 이익을 창출한다. 이렇게 대응하다 보니 앞에서 본 세계적 기업들의 새로운 경영전략이라는 것도 결국 벌금 좀 더 내고 변호사 비용 좀 더 드는 위험으로 생각하게 된다.

과연 그럴까?

잠시 신용등급평가에 관해 이야기해보자. 세계 3대 신용평가 회사로 스탠더드앤푸어스(Standard & Poor's), 무디스(Moody's Investors Service), 피치 IBCA(Fitch IBCA)가 있다. 이들은 정기적으로 세계 각국의 기업, 국가, 지방정부 등의 경제 활동 주체의 채권 상환 능력을 평가하고 발표하고 조정한다. 자기들이 자기들 나름의 기준을 세워서 각 기업들의 신용등급을 매기고 공개하겠다는데 누가 뭐라고 할 수 있겠는가? 그런데 이들 회사가 한 기업이나 국가의 신용등급을 하향 조정하면 해당 기업이나 국가에서는 난리가 난다. 한 나라의 총리가 이들 회사에 상황을 설명하기 위해 미국으로 건너가기도 한다. 멀쩡한 회사도 이 신용평가회사들이 악의적으로 신용등급을 일제히 하락시키면 단기간 내에 부도가 날 수 있을 정도다.

왜 그럴까?

이들 신용평가회사가 신용등급을 강등시키면 해당 기업이나 국가에서는 채권을 발행할 때 더 높은 이자를 내야 한다. 돈을 빌려주는데 갚을 능력에 대한 신뢰가 상대적으로 낮아졌으니 그 위험 감수를 보전하기 위해 더 높은 이자를 지급해야 하는 것이다.

세계 각국에서 막대한 자금을 운용하는 투자기관들은 일정 신용등급 아래로 내려간 기업이나 국가에 대해서는 투자를 감소하거나 중단하거나 회수한다. 투자기관들이 투자에 쓰는 자금은 결국 투자자들로부터 위탁받은 돈이고 수익을 내어 돌려주어야 하는 돈이다. 투자기관들이 수익을 올릴 가능성이 있다고 투자자들로부터 받은 돈을 아무 곳에나 마음대로 투자하면 투자자에게 막대한 손실을 줄 위험이 있다. 때문에 이러한 투자자의 손실위험을 방지하기 위해서 신용등급이 일정 수준 이상인 대상에게만 투자하도록 통제가 이루어진다.

이러한 신용평가기관의 위력은 우리나라도 뼈저리게 경험한 바 있다. 우리나라는 1990년대까지만 해도 국제 자본 세력이 요구하는 여러 가지 개방 정책에 반대하며 우리나라 기업들의 이익을 지켜왔다. 하지만 이들 신용평가기관의 신용등급 강등부터 이어지는 일련의 조치로 인해 1998년 IMF 구제금융을 요청하는 단계에 이르면서 이들 요구의 대부분을 수용하지 않을 수 없었다.

결국 신용평가회사는 신용등급 강등 대상에게 신용등급이 낮아졌다는 이유로 아무런 불이익을 준 적이 없지만 대상 기업이나 국가는 자금 조달 비용의 증가와 투자 위축으로 수익성이 악화되고 국제 투자 자본의 요구에 종속되며 심지어 부도에 내몰릴 위험에 처하게 된다.

이번에는 테러지원국 평가의 예를 살펴보자. 2002년 1월 조지 W. 부시(George W. Bush) 당시 미국 대통령은 이란, 이라크, 북한을 악의 축이라고 규정했다. 같은 해 5월 국무차관 존 볼튼(John Bolton)은 여기에 리비아, 시리아, 쿠바를 추가한다. 미국이 이들 소위 불량국가 또는 테러지원국을 싫어한다는 것은 누구나 알고 있다. 2002년 이전에도 그랬고 이후에도 그랬다. 그런데 이들 국가를 악의 축이라고 규정하는 것이 이들 국가에는 어떠한 의미가 있는 것일까?

국내외 기업들의 법률자문을 맡다 보면 우리나라 회사가 미국 회사에 제품을 공급하기 위해 미국 회사에서 보내온 공급계약서를 검토해야 하는 경우가 많다. 2002년 이후 이들 계약서에 공통적으로 추가되기 시작한 조항이 있는데, 계약 당사자인 우리나라 회사가 이들 악의 축 국가 정부나 그 나라에 있는 기업들과 거래한 사실이 없고 앞으로도 거래하지 않을 것이라는 의무 조항이 바로 그것이다. 30년 이상 거래를 해오던 미국 회사가 계약서에 이러한 의무 조항을 추가해야 하니 계약서를 개정하자고 요청한 적도 있다. 명분은 너무나 명확하다. 우리 기업이 악의 축 국가 기업과 거래를 하면 우리 돈의 일부는 악의 축 국가 기업의 이익으로 돌아간다. 악의 축 국가 기업의 이익은 세금을 통해 악의 축 국가에게로 돌아간다. 악의 축 국가들은 이러한 돈을 모아 세계 테러 세력을 지원한다. 테러는 우리 모두의 공동의 적이다. 그러니 처음과 끝을 이어보면 우리가 악의 축 국가 기업과 거래하는 것이 결국 우리 공동의 적인 테러 세력을 지원하는 결과가 된다. 그래서 우리는 그러한 기업들과는 아예 거래도 하지 말아야 한다. 어느 누구도 반대하기 어려운 논리다.

이제 악의 축으로 규정된 이 국가들의 기업들은 미국에 제품을 공급할 수 없음은 물론이고 미국에 제품을 공급하는 다른 나라의 기업들과도 거래를 할 수 없게 된 것이다. 우리나라는 이들 나라를 악의 축이라고 규정한 적도 없는데 우리나라 기업들도 미국 기업들과 계속 거래하고 싶으면 이들 나라 기업들과는 거래하면 안 된다. 이후 이 국가들의 경제 상황은 급격하게 악화되기 시작했다. 국민을 못 먹여 살리면서도 살아남은 집권 세력은 북한밖에 없다. 2006년 12월에는 이라크의 집권 세력이, 2011년 8월에는 리비아의 집권 세력이 무너졌으며, 시리아 역시 위태로운 상황이다.

이제 다시 신용등급 평가의 문제로 돌아오자. 공교롭게도 2008년 이후 스탠더드앤푸어스는 평가 대상 기업이나 국가의 부패 문제를 들어 그들의 신용등급을 강등하기 시작했다. 2009년 이후 신용등급 강등이 시작되어 세계에서 가장 신용등급이 낮은 나라로 전락한 그리스의 경우에도 이들 신용평가회사와 세계 언론들은 신용등급 강등 사유로 매번 부패 문제를 지적하고 있다.

앞에서 언급한 국제투명성기구의 2010년 OECD 뇌물방지협약 이행보고서의 내용 역시 시사점이 크다. 이 보고서는 우리나라를 소극적 이행국으로 평가하는 이유로서 정보접근권 제한, 불충분한 법체계, 반부패기구의 비독립성, 공익제보자 보호 미흡을 사유로 들었다. 우리나라에서 실제 발생하거나 적발된 부패행위를 근거로 등급을 낮게 평가한 것이 아니라 이를 방지하기 위한 노력이 부족하다는 사실만으로 낮은 평가를 한 것이다.

우리는 이러한 개별 사건들로부터 이들을 가로지르는 공통된 체계를 읽어야 한다. 경쟁자를 제거하겠다고 경쟁 기업을 괴롭히는 전략은 사회적 동의를 얻을 수 없고 다른 이해 관계자들의 동참도 이끌어낼 수 없다. 미국 기업들이 자신들의 시장을 한국 기업들이 잠식해가고 있으니 한국 기업 제품은 사지 말아야 한다거나 한국 기업과는 거래하지 말아야 한다고 하면 누가 이에 따르겠는가? 미국은 과거 슈퍼 301조로 대표되는 금수조치정책에서 전세계적인 보복조치와 미국제품 불매운동의 역풍을 맞으면서 이러한 교훈을 뼈저리게 경험했다. 효과적인 전략을 위해서는 먼저 많은 사람들이 동의하는 추상적인 적을 내세워야 한다.

신용등급에 있어서는 지불불능으로 채권자들의 재산을 침해하는 디폴트가 적이고, 악의 축에 있어서는 그들이 지원한다고 주장되는 테러가 적이고, 부패방지에 있어서는 부정한 방법으로 다른 사람의 이익을 가로채는 부패행위가 적이다. 이러한 적들에 다 함께 맞서서 더 나은 세상을 만들자는데 누가 반대할 수 있는가? 누가 돈을 빌린 사람이 그 돈을 갚든 못 갚든, 한 국가가 테러 세력을 지원하든 안 하든, 기업이 공무원들에게 뇌물을 주든 안 주든 이들 모두를 똑같이 대우해야 한다고 말할 수 있는가?

이처럼 추상적인 개념의 적에 대한 국제적 합의가 이루어지고 나면 이제 이러한 기준으로 나와 경쟁자를 끊임없이 평가하기 시작한다. 끊임없이 평가한다는 것은 국제적 합의가 이루어진 기준, 즉 지불 능력, 테러 지원, 부패 수준이라는 잣대를 가지고 나와 경쟁자를 계속 구별 짓고 그 차이를 더 크게 인식시키고 나와 경쟁자는 서로 다른 대접을 받아야 한다는 점에 대한 정당성을 부여받는 것을 의미한다. 신용등급에 있어서는 BIS비율을 맞추지 못했다는 이유로 등급이 강등되고, 악의 축에 있어서는 테러 집단에 무기를 수출했다는 이유로 불량국가로 강등되며, 부패방지에 있어서는 부패방지를 위한 제도적 장치를 갖추지 않았다는 이유로 등급이 강등된다.

이렇게 동일한 기준(처음부터 누가 높은 등급을 받고 누가 낮은 등급을 받을지는 충분히 예견되는 기준이다)으로 평가를 하고 여기서 도태되는 적들에 대해서는 거래 비용을 높이고 사업 기회를 제한하고 경제적 제재를 가한다. 이라크가 원유 거래의 기축통화에서 미국 달러를 배제하려고 하니 이라크를 공격해야 한다고 하면 부시 전 미국 대통령이 재선에 성공할 수도 없고 유럽 국가들의 참전도 얻어낼 수 없다. 하지만 세계적인 테러 위협(적)으로부터 미국과 세계 평화를 보호하기 위해서는 테러 지원국(기준)을 제재해야 하므로 테러 지원국인 이라크를 공격해야 한다(제재)고 하면 국민과 세계 여론의 지지를 얻을 수 있다.

수천 년 인류의 역사에서 명분 없이 승리한 전쟁은 없다. 적을 치고 싶으면 적을 공격해야 하는 명분부터 만들어야 한다. 명분을 얻기 위해서는 나와 적을 구별하는 기준이 있어야 한다.

세계적인 기업들이 부패방지를 경영전략으로 삼아 주도적으로 추진해나가는 모습을 보고 우리나라 기업들이 '그들은 먹고살 만하니까'라고 생각하는 것은 어리석은 판단이다. 그들이 왜 저러한 전략을 내세우고 어떻게 활용하고 있는지 깊이 생각해보아야 한다.

2. 한국 기업의 아킬레스건을 그어라

우리나라가 부패 문제에 취약한 이유

왜 우리나라는 부패 문제가 이렇게 심각할까? 여러 가지 이유가 있겠지만, 가장 중요한 원인 세 가지는 급속한 경제성장, 아시아적 농경문화, 기업지배구조의 문제다.

지난 50년간 우리나라는 세계에서 그 유례를 찾아보기 어려울 정도로 눈부신 경제성장을 거듭해왔다. 무모한 기업가 정신이 이러한 경제성장의 주된 원동력이 되었다. 이 과정에서 기업의 성공을 위해서라면 웬만한 일은 다 용서가 되는 사회적 정서가 생겼다. 당장 나라 안에 먹을 것이 없어 내 가족이 굶어 죽어가고 있는데 해외에 나가서 달러를 벌어오는 100만불 수출탑 수상 기업 경영자는 국가 유공자다. 이런 국가 유공자가 공무원에게 뇌물을 줬다고 감옥에 몇 년 가두는 것은 다 같이 굶어 죽자는 말도 안 되는 소리다. 광복절이 되었든 성탄절이 되었든 무슨 이유를 대서든 빨리 풀어주어 다시 달러를 벌어올 수 있게 해주어야 다 같이 산다. 지금 우리나라를 이끄는 대표기업들은 이러한 정서의 수혜를 본 면이 있다.

여기에 학연과 지연으로 얽히고설킨 정실주의의 문제가 있다. "우리가 남이가" 하는 아시아 고유의 끈끈한 인간관계가 부패 문제에 대한 개인의 판단력을 무력화시킨다.

아시아는 수천 년을 이어온 농경문화가 사회의 중심이다. 농경사회를 유지하려면 오랫동안 같은 토지에 머물러야 한다. 이 사람과 내가 친구고 120년 전 내 고조할아버지와 이 친구의 고조할아버지도 친구다. 내가 이 친구의 부탁을 들어줄 수 있는 자리에 있는데 다른 사람에게 피해가 생길 수 있다고 거절하는 것은 나를 둘러싼 모든 사회에 등을 돌릴 각오를 하지 않고서는 어려운 일이다. 세대를 이어가면서 서로가 서로에게 도움을 주고받기 때문에 누가 누구에게 이익을 주었다는 생각조차 없어진다. 내가 친구에게 '신세'를 지고 못 갚으면 내 자식이 친구의 자식에게라도 갚을 것이다.

그나마 한국과 일본을 제외하면 아시아의 다른 국가들은 그사이 전쟁도 치르고 민족도 섞이고 국경도 달라졌다. 그러나 한국과 일본은 아시아 문화의 중심지가 되어온 중국에서 반도와 섬으로 격리되어 이러한 정체성이 유난히 더 심하다.

서구 사회를 대표해서 미국의 경우를 살펴보자. 미국 사람들은 왜 처음 만나면 어디에서 왔느냐고 물어볼까? 서로 온 곳이 다르기 때문이다. 이 사람이 어디에서 온 사람인지 모르기 때문이다. 서로 다른 역사, 서로 다른 문화, 서로 다른 환경의 사람들이 한 국가 안에 모이다 보니 서로의 생각이 다 다르다. 모든 것을 미리 정해두지 않으면 서로 도움을 주고받기는커녕 인간관계를 맺기도 사회를 유지하기도 힘들다. 자연히 법률문화가 발달할 수밖에 없다. 서로 다 모르는 사람들인데 이 사람 입장을 생각해서 혜택을 주면 저 사람이 손해를 본다. 사회 역시 이러한 행동을 용인해서는 사회가 유지되지 않는다. '서로 좋게' 지내는 것은 미덕이 아니라 사회의 근간을 흔드는 범죄행위로 평가된다.

이처럼 자신이 갈고 일군 땅이 자신의 중요한 일부이고 이를 중심으로 사회와 국가가 형성되어온 아시아 농경문화의 정체성이 우리나라가 부패 문제에 취약한 두 번째 이유다.

이와 같이 급속한 경제성장과 아시아의 문화적 요인이 있기는 하지만, 더 근본적으로는 소유와 경영이 분리되지 않은 우리나라 기업의 지배구조에 문제가 있다.

우리나라 A대기업의 법률자문을 하면서 겪은 일이다. A대기업이 취하려는 새로운 정책이 법 위반 위험이 있어서 이를 해결할 수 있는 방안을 기업 실무진과 한 달 가까이 고민했다. 실무진이 해외 사례를 분석해 달라, 예상되는 법률 위험을 위험이 큰 순서대로 정리해 달라, 가능한 대안들을 열거하고 그에 따른 장단점을 설명해 달라며 쉴 새 없이 전화를 하고 분석을 요구해서 한 달 동안 거의 잠을 제대로 잘 수가 없을 정도였다. 실무진과의 전화는 잘 주무셨냐는 아침 전화로 시작해서 좀 주무시라는 밤 전화로 마무리되곤 했다.

어느 날 실무진의 연락이 갑자기 뚝 끊겼다. 아직 해결 방안을 찾은 것도 아닌데 마치 약속이나 한 듯이 한 명도 연락이 없다. 내가 뭘 잘못했나 걱정이 될 정도였다.

1주일쯤 뒤에야 실무진 한 명과 식사를 함께할 기회가 있어서 넌지시 물어보았다. 한 달 내내 이 건만 생각하면서 사는 것처럼 덤벼

들던 사람이 마치 까맣게 잊은 옛 이야기를 하는 것처럼 "아, 그 건요, 경영진의 결정이 있으셨어요"라며 대수롭지 않게 대답했다.

이게 무슨 말이지? 나중에 안 일이지만, 실무진의 보고를 받던 경영진, 정확하게는 기업 총수가 이 건을 밀어붙이라고 결정한 것이었다. 정도의 차이는 있겠지만, 대부분의 경우 기업 총수가 결정을 내리면 실무진은 더 이상 고민할 필요가 없다. 이로 인해 받을 수 있는 처벌에 대해서는 이미 기업 총수에게 보고한 상태이고 기업 총수가 그 정도는 감수할 테니 밀어붙이라고 결정했으니, 이제 더 이상 고민할 필요도 없고 고민해서도 안 된다. 나중에 이로 인해 회사가 벌금을 내게 되더라도 기업 총수가 감수하기로 한 것이니 걱정할 이유도, 자신이 책임질 이유도 없다.

이번에는 국내의 한 외국계 기업의 예를 살펴보자. 영업부서에서 제대로 먹힐 영업 전략을 들고 왔는데 이게 법 위반인지 아닌지 명확하지가 않았다. 법 위반으로 판단되는 경우 최고 법정형은 벌금 200만 원이었다. 이 사안을 논의하기 위해 회사 이사진 8명이 모두 모인다. 벌금 200만 원, 그나마 법 위반이 "될 수도 있다"는 것인데 전 임원진이 모여서 의사결정을 하겠다는 것이다. 1시간 넘게 난상토론이 벌어졌다. 다들 누군가 그냥 밀어붙이자고 말해주기를 바라는 눈치인데, 아무도 그 말 한 마디를 하지 않는다.

사장도 같은 눈치다. 결국 결론을 내리지 못하고 회의를 마쳤다.

이후 이 영업 전략을 채택할지 말지에 대한 우리의 법률 검토와 이사진의 의견들이 메일로 오고 갔는데 6개월을 끌다가 법률 문제 때문에 결국 하지 않기로 했다. 헉! 그사이 법률자문 비용이 200만 원보다 더 나왔을 것 같다.

썩기 쉬운 창고

우리나라처럼 기업 총수가 소유와 경영을 겸하면서 기업 내에서 수십 년간 전권을 행사하는 기업지배구조가 좋은지, 미국처럼 소유와 경영이 분리된 기업지배구조가 좋은지에 대해서는 일률적으로 말할 수 없다.

소유와 경영이 분리된 환경에서는 최고경영자가 단기적인 실적에만 집착하여 장기적인 안목에서 대규모 투자를 하지 못하고 심지어 재직 기간 동안의 실적을 부풀려 스톡옵션으로 이익 실현에 몰두하는 문제가 있다. 이러다 보니 분식회계로 인한 주가 조작의 부패 문제가 발생하기 쉽다.

대신 주는 뇌물과 같은 부패 문제에서는 아무리 기업에 이익이 되더라도 자신의 해고 위험이나 개인적인 법률 위험을 감수하고 이를 감행할 유인이 약하다. 저조한 실적은 여러 가지 환경적 요인

으로 변명의 여지가 있고 자신이 승진을 하느냐 마느냐의 문제이
지만, 부패 문제는 변명의 여지가 없고 '잘리느냐' 마느냐의 문제
다. 이사들도 최고경영자들도 기업의 주인은 아니어서, 이러한 위
험을 무릅쓰고 회사의 이익을 위해 부패행위를 저지르거나 이를
승인할 이유가 없다.

　　반대로 주는 뇌물의 측면에서는 우리나라의 기업구조가 더 취약
하다. 소유와 경영의 분리가 약하기 때문에 권한과 책임이 분산되지
않는다. 그러다 보니 회사에 이익이 될 여지가 있고 이에 대해 최고
경영진의 '의지'만 있으면 주는 뇌물의 유혹에 쉽게 빠지는 것이다.
우리나라가 다른 나라에 비해 주는 뇌물의 유혹에 취약한 이유는 바
로 이런 기업지배구조에서 기인하는 면이 크다. 기업지배구조라는
기업의 근본적인 문제에서 비롯되다 보니 그만큼 우리나라 기업들
의 고질적인 약점이 되기 쉽다. 동시에 이것은 주는 뇌물에 관한 문
제를 개선하는 데 우리나라 기업들이 다른 나라 기업들보다 더 많
은 노력을 들여야 하고 이에 맞는 부패방지 프로그램을 시행해야만
하는 이유이기도 하다. 주는 뇌물에 관한 부패방지 장치들이 제대로
작동하지 않으면 권한과 책임이 분산되지 않는 우리나라 기업지배
구조는 부패한 한국을 만드는 주범이 될 수 있다.

　　이러한 기업지배구조의 문제는 권한과 책임의 집중과는 또 다

른 측면에서 우리나라의 반부패지수를 낙제점으로 만드는 작용을 한다. 기업과 경영진의 영속성에 따른 부패 전과의 누적 때문이다. 우리나라 기업 임원들과 부패 문제에 관하여 이야기하면 또 하나 자주 접하는 반응이 "다른 나라 기업들도 할 것 다 하는데 우리나라만 낮게 평가한다"는 것이다. 이는 '부패기업'과 부패기업으로 '평가'되는 것의 차이점을 이해하지 못한 것에서 비롯된다. 과거에 어떤 기업이 부패행위를 했다는 것과 그로 인해 현재의 그 기업이 부패한 기업으로 '평가'되는 것 사이에는 차이가 있다. 예를 들어보자.

미국의 대표적인 기업 부패 사례로 알려진 엔론(Enron) 사건이 있다. 2001년 확인된 엔론의 분식회계는 그 금액만도 1조6,000억 원에 달한다. 엔론의 주가는 90달러에서 30센트로 떨어졌으니, 그야말로 주식이 휴지조각이 되어버렸다. 그러나 10년이 지난 지금 엔론이라는 기업 때문에 미국을 부패국가로 평가하지는 않는다. 엔론은 더 이상 미국 기업이 아니다. 엔론이라는 기업 자체가 사라졌기 때문이다.

유럽의 경우를 보자. 2006년 독일 검찰은 독일 뮌헨에 있는 지멘스(Siemens) 본사와 간부들의 집을 압수수색하고, 전현직 간부를 체포했다. 지멘스와 일부 전현직 직원이 2004년 아테네 올림픽의 보안 시스템 설치 계약 건을 따내기 위해 그리스 내무부와 국방부 관리들에게 거액의 뇌물을 뿌린 것으로 확인되었다. 지멘스의 한 간부는 그리스 지사 수입 중 10퍼센트를 모두 뇌물 제공에 사용했다. 나이지리아 전 독재자인 사니 아바차(Sani Abacha)에게도 오스트리아의 비밀계좌를 통해 연간 1억 유로를 지급했다.

그러나 이후 지멘스는 160년 지멘스 역사 최초로 회사 외부인 사인 페터 뢰셔(Peter Löscher)를 CEO로 영입하고 전 세계적으로 가장 모범적이라고 평가받는 현재의 준법 시스템을 구축하고 실행했다. 당시 뇌물 사건으로부터 5년이 지난 지금 세계 어느 부패 평가기관도 독일이나 지멘스를 부패 조직으로 평가하지 않는다. 2006년 당시의 경영진과는 아무런 관계도 없는 사람들로 경영진을 대폭 교체한 지멘스는 2011년 현재 2006년 당시의 지멘스와는 전혀 다른 기업으로 인식되기 때문이다. 경영진이 완전히 달라지고 모범적인 부패방지 시스템을 채택하고 있는 2011년의 지멘스는 더 이상 5년 전 지멘스가 범한 전과로 인해 낮은 평가를 받지 않는다.

이처럼 미국이나 유럽의 경우에는 기업 부패 문제가 발생하더라도 소유와 경영이 분리된 기업지배구조로 인해 내재적인 자정 능력을 가지고 있다. 부패 문제를 일으킨 기업이 존속하더라도 전혀 다른 경영진이 회사를 이끌기 때문에 부패 사건이 발생한 당시의 기업과는 전혀 다른 평가를 받는 기업이 될 수 있다. 새로운 경영진의 새로운 회사는 회사 이름만 같을 뿐 부패 수준에 있어서는 처음부터 새로운 평가에서 출발한다. 과거의 경영진이 부패 문제에 관여했던 회사라고 해서 전혀 새로운 경영진 역시 부패행위를 할 가능성이 높다고 평가할 수는 없기 때문이다.

반면 소유와 경영이 분리되지 않고 하나의 기업이 한 가족에 의해 운영되는 우리나라의 기업지배구조하에서는 50년 전의 삼성이 지금의 삼성이고 50년 전의 현대가 지금의 현대이며 탈세, 뇌물, 배임 또는 횡령으로 유죄 판결을 받았던 몇 년 전의 경영진이 여전히 현재의 경영진이다. 이러한 기업지배구조 때문에 국제적인 부패 수준 평가에서 3년 전에 횡령죄로 유죄 판결을 받은 현대가 여전히 지금의 현대이고 2년 전에 배임죄로 유죄 판결을 받은 삼성이 여전히 지금의 삼성으로 인식되며 그러한 기준에서 평가되는 것이다.

우리나라의 대표기업들은 수십 년 동안 최대 주주가 곧 경영진이다. 미국의 경우 엔론의 회계 부정 사건이 터지자 엔론의 주주들은 휴지조각이 된 엔론의 주식을 버리고 다른 회사들의 주주가 되었다. 엔론은 파산했고 기업 자체가 사라졌으며 더 이상 미국의 부패 수준을 평가하는 데 고려 요소가 아니다. 지멘스의 주주들은 경영진의 뇌물 사건이 터지면 경영진을 버릴 수 있다. 그러나 우리나라는 소수의 대기업들이 이끌어가는 경제 구조다. 경영진이 탈세를 하든, 배임이나 횡령을 하든 대표기업을 버리지 못한다. 소유와 경영이 분리되지 않은 기업지배구조여서 기업들 역시 그러한 경영진을 버리지 못한다. 그 경영진이 곧 회사의 주인이기 때문이다.

그러기에 우리나라 기업의 부패 문제를 해결하기 위해 우리나라의 기업지배구조를 바꾸어야 한다고 주장하는 학자들도 있다. 그러나 기업 부패의 관점에서만 기업지배구조를 논할 수는 없다. 중요한 것은 이러한 우리나라 경제와 기업지배구조의 특수성이 앞으로도 상당 기간 유지될 것이고 우리는 이러한 기업지배구조의 특수성이 우리의 반부패 노력에 어떠한 의미를 갖는지를 명확하게 인식해야 한다.

우리가 생각하는 대로 기업 부패 사건은 어느 나라 어느 기업에서도 터질 수 있다. 기업 부패방지 정책에 관한 우리의 연구는 이러한 확률을 현저하게 낮출 수 있지만 여전히 이를 제로로 만들지는 못한다. 기업 부패의 문제는 인간의 이기심에 기초한 자본주의 시장이 근본적으로 가지고 있는 질병 요소다. 과학적인 예방과 치료가 가능하지만, 여전히 인간은 병에 걸릴 수 있다. 발달된 보안 프로그램이 해킹의 위험을 현저히 낮출 수는 있지만, 그래도 해킹 피해는 언제고 어디서고 일어날 수 있다.

세계 시장에서 다른 경쟁 국가나 경쟁 기업들은 부패 사건이 발생했을 때 기업을 버릴 수도 있고 경영진을 버릴 수도 있다. 그리고 이 과정에서 강화된 새로운 기업 부패방지 시스템은 국제적 부패 평가에서 오히려 그들을 윤리적 기업의 위치에 올려놓는다. 우리나라 기업들은 부패행위에 관여했다고 기업의 추인인 경영진을 버릴 수 없고 그러한 기업에 의존하고 있는 우리나라는 그 기업을 버릴 수 없다. 한번 기업 부패 사고가 발생하면 그 낙인을 영원히 안고 가야 한다.

삼성의 세계 경쟁자들은 삼성을 부패한 기업으로 낙인찍기 위해 15년 전 에버랜드 전환사채 문제부터 모조리 들추어낼 수 있다. 이러한 기업들에 의존하는 우리나라 역시 마찬가지다. 그만큼 우리나라와 우리나라 기업들은 주는 뇌물의 부패 문제 자체에도 취약하지만 이에 대한 국제적 반부패 '평가'에서는 더 취약한 구조다.

이러한 차이점을 이해하지 못하고 우리나라 기업의 부패 사건을 보면서 이런 정도는 미국이나 유럽에서도 얼마든지 있을 수 있다며 안이하게 대처하는 사람들은 왜 국제 사회의 반부패 평가에서 유독 우리나라만 낮은 평가를 받아야 하는지를 이해하지 못한다. 부패행위 자체와 부패기업으로 평가되는 것의 차이의 문제는 뒤에서 다시 한 번 살펴볼 것이다. 이 점은 2008년 이후 급속하게 강화되어가고 있는 국제적 반부패 압력이 우리나라와 우리 기업들에게 어떻게 작용할 것인지를 이해하는 데 결정적인 단서를 제공한다.

크리스천 올리버 영국《파이낸셜타임스(FT)》서울지국장은 지난 달 31일 (현지 시간) '브릭스를 넘어서'라는 FT 온라인판 내 블로그를 통해 "과거 엔론 사태 주범인 제프리 스킬링 전 최고경영자(CEO)가 한국인이었다면 다시 CEO 자리로 복귀해 주요 결정을 내리고 주주들이 이를 막지 못했을 것"이라며 부패 기업인들이 속속 재계로 복귀하는 한국 상황을 비유했다. 그는 이를 통해 주주들이 '가족(경영진)' 문제에 관여할 수 없다는 점을 지적했다.

특히 이건희 삼성 회장의 특별사면과 함께 회계 조작으로 실형을 살았던 최태원 회장이 일선에 복귀한 것은 미국과 유럽에서는 상상하기 힘든 일이라며 최 회장이 주요 20개국(G20) 회의에서 한국 기업인 대표로 임명되는 등 한국은 부패 경영인들이 해외에 얼굴을 내미는 것을 허용하고 있다고 설명했다.

FT는 "외국인들은 가족경영 기업에 대한 완전한 정보를 얻기 힘들다는 것을 알고 있기 때문에 (가족경영 기업이 아닌) 다른 곳에 투자하는 게 더 안전하다고 느낀다"며 "이것이 한국 시장에서 외국인 투자가 꾸준히 지속될 수 없는 이유 중 하나"라고 지적했다.

그는 "부패 총수들이 실형을 모두 살고 기업을 경영하지 않아야 한국 기업 책임에 대한 신뢰가 생길 수 있다"며 "그래야만 주주들도 더 적절한 후계자를 결정하고 전혀 다른 집안에서 후계자를 선택할 수 있을 것"이라고 말했다.

《이데일리》 2010. 9. 3.

도덕적 제국주의 – 탁자 밑을 치워버려라

우리는 앞에서 자유무역주의가 세계 시장 경쟁의 탁자 위를 치워버리는 압력이라면, 반부패의 압력은 탁자 밑을 치워버리는 압력이라고 했다. 반부패와 자유무역주의가 무슨 관계가 있을까?

잠시 미국 기업들의 입장에서 생각해보자. 당신은 미국 기업의 경영자다. 뛰어난 기술과 안정된 사회 속에서 우수한 제품을 대량으로 생산해낼 수 있는 능력을 갖추었다. 문제는 미국 시장이 이미 포화 상태여서 성장을 멈추고 있다는 점이다. 이제 한국을 포함한 세계 다른 나라 시장에 당신의 제품을 판매해야 기업의 성장을 지속할 수 있다.

한국은 해당 사업 분야를 국가 차원에서 보호·육성하고 있다. 당신 회사에 훨씬 못 미치는 생산성은 정부가 보조금으로 메워주고 있다. 당신 제품은 높은 관세 장벽에 가로막혀 한국에서 가격경쟁력이 떨어진다. 한국은 아직 이 부분에서 경쟁력이 약하기 때문에 국가적인 보호가 필요하다는 사회적인 공감대가 형성되어 있어서 국가가 나서서 당신의 경쟁 회사를 보호·육성하는 정책이 국민들의 지지를 받고 있다.

당신도 미국 정부에 같은 지원을 요청하고 싶다. 하지만 이미 각자가 각자의 목소리를 높이는 고도화된 사회적 환경 때문에 한계가 있다. 납세자들은 자신들의 세금을 특정 산업 분야를 지원하는 데 쓰는 것에 동의하지 않는다. 관세를 높이면 수입 제품에 대한 미국 내 가격이 상승하기 때문에 소비자들의 반대에 부딪힌다. 당신은 어떻게 하면 한국 시장을 뚫을 수 있을까?

당신에게 없는 무기는 한국의 경쟁 회사도 못 갖게 하면 된다. 한국 정부와 미국 정부 모두 특정 기업에 대하여 보조금을 지급하거나 관세 장벽을 치는 것을 못하게 하면 된다. 이것이 바로 자유무역주의이고 자유무역협정이다.

이제 세계 시장은 미국이 주도하는 자유무역주의를 중심으로 세계 단일 시장으로 재편되어가고 있다. 미국은 자유무역주의가 미국뿐 아니라 후진국들에게 이익이 된다는 점을 강변하면서 후진국들이 자유무역주의에 동참하도록 때로는 설득을, 때로는 압력을 동원해 이를 실현시켜가고 있다. 미국은 왜 이러한 노력을 할까? 후진국들에게 이익이 되는 일이라면 미국이 나서지 않아도 후진국들이 먼저 나서서 요청을 해야 하지 않을까?

왜 미국의 기업들은 자유무역주의 경제학자들에게 연구비를 지원하면서 자신의 주장을 정당화하기 위해 애쓸까? 왜 그들은 애초에 있지도 않은 노벨 경제학상까지 만들어 이들에게 국제적 권위를 실어주고 있을까?* 미국의 이해타산에 따른 계산과 의도가 있지 않고서는 이해할 수 없는 일이다.

자, 당신은 미국 기업의 경영자로서 이제 자유무역주의의 기치 하에 한국 시장의 문을 열었다. 이제 당신의 한국 경쟁 회사는 더 이상 정부의 보호를 받지 못할 것이다. 그런가? 그렇지 않다. 한국 경쟁 회사들은 탁자 위에서는 보조금도 끊기고 관세 보호도 받지 못하지만 여전히 탁자 밑에서는 정부 관료를 포함한 여러 의사결정권자들의 보호를 받고 있다. 이것이 미국이 보는 한국 기업 부패

---

* 노벨상은 알프레드 베른하르드 노벨(Alfred Bernhard Nobel)을 기념하기 위해 그가 죽은 뒤 1901년부터 평화, 문학, 의학, 물리, 화학 분야의 기여자에게 수상되어오다가 1968년에 경제학상이 추가 제정되었다.

의 본질이다.

부패는 탁자 밑에서 이루어지는 보호무역이다. 이것은 기업 부패에 대한 국제적 압력의 본질과 앞으로의 방향을 이해하는 또 하나의 중요한 요소다. 이것을 이해하면 왜 미국 정부와 기업들이 기업 부패를 악의 축으로 보고 공격하는지 이해할 수 있다. 우리가 확실하게 말할 수 있는 것은 최소한 그들이 너무나도 윤리적인 사람들이라 부패행위를 하는 사람과는 도저히 기업 관계를 맺을 수 없는 결벽증 때문은 아니라는 것이다.

좋다. 그러면 당신도 한국 기업처럼 정부 관료를 포함한 사회 각 분야 권력자들에게 똑같은 방법을 써보자. 하지만 여기에 기업 지배구조의 차이 문제가 등장한다.

한국의 경쟁 회사인 재벌 기업은 수십 년간 한 집안의 재산이다. 뇌물을 주다 적발되어서 올 한해 피해를 입더라도 그것으로 10년을 먹고살 수 있다면 (적어도 경제적인 관점에서는) 안 할 이유가 없다. 당신과 같은 지위에 있는 한국 회사의 전문경영인도 오너의 재가가 있으면 이러한 일을 감행할 수 있다. 평소에 그룹 차원에서 사회 각 분야를 '관리'할 수 있는 힘이 있기 때문에 적발될 위험도 낮다. 적발되면 개인적으로 잠시 힘든 시간을 보내지만 장기적으로 보면 회사를 위해서 고생한 사람을 오너가 버리는 법은 없다.

하지만 당신의 미국 기업은 소유와 경영이 명확하게 나뉘어 있고 수십 년간 당신의 기업을 소유하고 있는 오너 가족도 없다. 모두들 연말에 당신이 올린 실적과 배당 수익에만 눈에 불을 켜고 있다. 당신이 회사의 장기적인 발전을 위해서 올 한해 손해를 감수하고 막대한 투자를 하자고 해도 사람들은 쉽게 받아들이지 않는다. 하물며 장기적으로 회사에 도움을 주니 우리도 '관리'하자고 했다가는 이번 주주총회에서 당장 교체될 것이다. 나름대로 회사를 위해 모든 책임을 안고 이러한 일을 감행했다가 적발되면 보호는커녕 부패행위로 주가를 떨어뜨렸다고 소송만 당할 것이다.

당신이 모든 책임을 떠안고 이를 감행하기로 무모한 결정을 한다고 해서 해결되는 문제도 아니다. 당신이 뛰어들기 위해서 한국 기업들의 탁자 밑을 들추어보면 이곳의 영양 공급선들은 보조금 금지하고 관세 철폐하고 지적재산권 강화해서 해결될 수 있는 간단한 구조가 아니다. 탁자 위와 달리 탁자 밑은 어느 고등학교 선후배, 어느 지역 출신, 어느 교회의 장로와 권사 등 당신이 알 수 없는 관계들로 얽히고설켜 있다. 어디에 끼어들어야 할지 어디를 잘라야 할지 알 수도 없고 잘라낼 수도 없다.

그럼 어떻게 해야 할까? 이번에도 마찬가지다. 당신이 못 하는 일이니 한국의 경쟁 회사도 못 하게 해야 당신 회사가 살 수 있다.

탁자 위에서 그랬듯이 탁자 밑에서도 덮개를 걷어내고 탁자 밑의 지원선을 끊어버려야 한다. 이 알 수 없는 복잡한 지원선들을 단번에 잘라낼 수 있는 것이 바로 반부패의 칼날이다. 자유무역주의가 탁자 위를 쳤다면, 부패방지는 탁자 밑을 치는 것이다.

이제 이러한 반부패의 칼날이 누구를 겨누는지 답해보자. 당연히 첫째 세계 시장에서 위협적인 새로운 경쟁자들 중에서 둘째 부패 문제가 심각하고 셋째 여기에서 쉽게 벗어날 수 없는 나라의 기업들일 것이다. 세계 경쟁 시장에 위협적으로 등장하는 새로운 경쟁자들은 선진국의 문 앞에 서 있는 나라들이다. 지금은 정체되어 있지만 이미 선진국에 진입하여 상당한 시간을 보낸 일본이 우리나라보다 반부패 문제에서 유리한 지위에 있는 것은 이러한 관점에서 이해할 수 있다. 우리는 앞에서 아시아의 문화적 특수성과 단기간 내의 급속한 경제성장의 역사가 기업 부패를 심화시킨 원인이라는 것을 살펴보았다. 기업의 소유와 경영이 분리되지 않은 기업지배구조와 일부 대기업에 의존하는 국가 경제가 부패 문제에서 쉽게 벗어날 수 없는 원인이 된다는 것도 살펴보았다. 지금 세계 지도를 펼쳐놓고 이러한 요소들에 빠짐없이 해당하는 국가를 찾아보라.

한국이다! 세계 시장에서 치열하게 경쟁하며 위협적인 존재가

된 한국의 대표기업들이다.

미국은 1980년대 이후부터 집요하게 자유무역을 요구해왔고 30년이 지난 지금 한미자유무역협정은 양국 국회의 승인을 눈앞에 두고 있다. 이러한 시장 개방 과정에서 과거 견고했던 우리나라의 몇몇 산업 분야는 이제 경쟁력을 잃고 쇠퇴하고 있다.

반면에 아직까지 건재한 산업 분야들도 있다. 이제 이들은 반부패의 새로운 공격을 받게 될 것이다. 한국의 기업들이 미국 기업들의 위협적인 경쟁 상대가 된 2010년대 반부패의 공격은 과거 자유무역의 공격보다 더 강하고 더 신속하게 진행될 것이다. 그리고 그 과정에서 우리나라의 대표기업들 중 일부는 믿고 있던 썩은 밧줄이 끊기면서 세계 시장 밖으로 추락할 것이다. 우리는 앞으로 10년 내에 현재 우리나라 10대 기업 중 한 곳 이상이 이러한 반부패의 압력으로 세계 경쟁 시장에서 낙오할 것이라고 확신한다.

미국에서는 이러한 국제적 반부패 압력의 의도를 파악하고 이미 1994년에 국제적 반부패 압력을 '도덕적 제국주의'라고 비판한 학자도 있다. 반부패의 국제적 시류를 막기에는 역부족이지만 그 자체로는 상당한 탁견이다. 이 비판이 나온 것이 1994년이라는 것을 기억해두자. 우리는 뒤에서 왜 이 시점에서 '도덕적 제국주의'라는 주장이 제기되었는지 알게 될 것이다.

부패 문제가 경영전략적으로 이용되는 것은 전혀 새로운 이야기가 아니다. 민감한 내용이 될 수 있어서 국가명을 밝히기는 어렵지만, 내가 간접적으로 볼 수 있었던 사례를 살펴보자.

5년 전만 해도 업계 10위권을 맴돌던 이 회사는 이후 3년간 급격한 속도로 성장했다. 이 회사 사람들은 워낙 성장 속도가 빨라서 3년 내에 업계 1위 자리를 차지할 것이고 그것이 끝이 아니라고 공언하고 다녔다. 이 회사가 이렇게 급격히 성장한 데는 법의 경계를 넘나들며 고객사 임원들에게 따로 이익을 챙겨준 것이 큰 몫을 했다. 이 나라의 경우에는 고객사들에게 이렇게 따로 이익 챙겨주기가 암암리에 늘 있어왔지만, 이 회사는 아예 이에 전력투구했고 이를 통해서 성공했던 것이다.

이를 계속 주시하던 몇몇 선두 기업이 이 시점에서 갑자기 업계 자정 선언을 하고 나섰다. 이들도 분명히 뒷거래가 있다는 걸 업계 사람들이라면 다 아는데도 업계의 부패 문제를 들고 나온 것이었다. 마치 선두 기업들과 사전에 이야기라도 있었던 것처럼 정부 기관도 대대적인 업계 조사를 벌이기 시작했다. 세계 어느 나라고 부패척결 반대하는 국민 없다. 당연히 여론의 강력한 지지를 얻는다.

승승장구하던 이 회사와 자정 선언을 하고 나선 선두 기업 모두 법 위반 사실이 적발되었다. 그런데 승승장구하던 회사는 고객사 임원 챙겨주기에 전력투구했던 만큼 유독 심한 위반 사례들이 많이 발견되어서 언론에 자주 오르내렸다. 이제는 이 회사와 거래를 하는 고객사 임원은 마치 다 부정한 돈을 받는 것으로 오해될 지경이었다. 고객사들이 하나둘씩 피하기 시작했다. 승승장구하던 회사는 무너지기 시작했고 그 추락은 상승세만큼이나 가팔랐다. 선두 기업들 역시 벌금을 물고 체면을 구기기는 했지만 경상에 그쳤고, 업계는 다시 그들의 손아귀 안에서 재편되었다. 나에게는 경상이지만 적에게는 치명상을 가한 것이었다.

이제 우리가 왜 지금 이 시점에서 '의도된' 반부패의 압력에 대해 이야기하는지 대답해보자.

미국 내에서 국제 기업 반부패에 관한 조직적 움직임이 가시화된 것은 1994년으로 거슬러 올라간다. 당시 우리나라 언론에 가장 많이 소개된 미국의 통상 압력은 슈퍼 301조로 대표되는 금수조치였다. 그러나 1994년 미국의 경쟁력위원회라는 민간단체는 미국이 그간 대외 압력 수단으로 사용해온 일방적인 경제 제재 대신 해당국을 외교적으로 고립시키는 보복 방안을 제시하는 보고서를 작성하여 백악관과 미국 의회에 건의한다. 이 보고서는 이전에 미국이 취한 금수조치와 같은 일방적인 경제 제재가 상대국의 무역

보복을 불러와 오히려 미국이 6조 원 이상의 손해를 보았다고 분석했다. 이에 대한 해결 방안으로 이 단체는 무역과 관련된 외국의 뇌물 공세와 부패를 처치할 국가간 다자간협정을 체결하도록 촉구했다. 부패방지에 관한 국제적 협약을 다른 나라에 대한 외교적 고립과 무역보복 방법으로 제시한 것이다.

우리가 말한 미국의 반부패 압력의 의도를 그대로 보여주는 보고서다. 앞에서 본 바와 같이 이러한 압력을 도덕적 제국주의라는 통상 압력의 수단으로 파악한 연구가 나온 해도 1994년이다.

이러한 보고서를 작성한 경쟁력위원회라는 단체는 어떠한 단체일까? 당시 폴 알레어(Paul A. Allaire) 제록스(Xerox) 회장을 위원장으로 도널드 그래엄(Donald E. Graham) 《워싱턴 포스트(Washington Post)》 사주를 비롯해 체이스맨해튼 은행(Chase Manhattan Bank), 보잉(Boeing), 모토롤라(Motorola), 허니웰(Honeywell), 휴렛팩커드(Hewlett-Packard), 벡텔(Bechtel), 셰브롱(Chevron), 굿이어(Goodyear), IBM, 코닝(Corning), 텍사스인스트루먼트(Texas Instruments), 휴즈 항공(Hughes Aircraft), NCR, 듀폰(DuPont), 제너럴다이내믹스(General Dynamics), 인텔(Inel), 모빌(Mobil), 뱅크오브아메리카(Bank of America), 애플(Apple), 포드(Ford) 등 세계 시장에서 경쟁하는 미국의 주요 기업들의 최고 경영자들이 모조리 이 단체에 참여하고 있다. 이제 누가 국제 반부패의 압력을 주도하고 어떠한 의도로 이를 실현시키고 있는지 분명해진다.

경제협력개발기구(OECD)가 무역과 부정부패 문제를 연계시킬 움직임을 보이고 있어 공무원 및 기업의 부정부패가 향후 한 국가의 교역에 막대한 타격을 입히는 요인으로 작용할 전망이다. 24일 통상산업부에 따르면 노동, 환경, 투자, 공정경쟁 및 기술 등 무역과 밀접한 관련이 있는 5개 비가격 부문의 국제 규범 제정을 추진 중인 OECD는 국가간의 공정거래에 악영향을 주는 부정부패 문제를 새로운 다자간 이슈로 부각시킬 것을 검토하고 있다. 반부정부패(ANTI-CORRUPTION) 라운드라고 일컬을 수 있는 선진국들의 이 같은 움직임은 국제입찰 및 해외투자 과정에서 뇌물수수 등의 부정행위를 저지른 나라에 제재 조치를 가해 공정무역 환경을 조성하기 위한 것이다.

미국은 반부정부패 문제를 이슈화하기 위해 CIA(중앙정보부)를 활용해 국제입찰에서 자국 기업이 최저가로 응찰했음에도 불구하고 낙찰(落札)된 사례 등을 수집, 원인을 분석하고 있는 것으로 알려졌다.

《연합뉴스》 1995. 10. 23.

그러면 이러한 시도가 왜 15년이 지난 2008년 이후 본격화되기 시작했을까? 미국은 1990년대 초 재정적자와 무역적자의 소위 쌍둥이 적자 속에서 어려움을 맞이한다. 그러나 1993년 취임한 클린턴(Clinton) 행정부의 달러화 약세 정책, 제3국에 대한 시장 개방 압력, 앨런 그린스펀(Alan Greenspan) 연방준비제도이사회 의장의 저금리 정책이 효과를 발휘하면서 미국은 2000년까지 1970년대 이후 최저실업률, 재정흑자, 높은 경제성장률을 보이며 1990년대 후반기 동안 호황을 누린다. 2000년대 들어서면서 중국이 세계의 공장으로 본격적으로 뛰어든다. 중국에서 생산된 싼 가격의 제품들이 전 세계로 몰려들면서 미국 경제는 골디락스(goldilocks)의 호황기를 다시 맞이한다. 골디락스란 영국의 전래동화 '골디락스와 곰 세 마리'에서 유래한 용어다. 숲속에 들어갔다가 길을 잃고 헤매던 골디락스가 곰이 사는 오두막을 발견하고 곰이 식탁에 차려놓은 뜨거운 수프, 차가운 수프, 뜨겁지도 차갑지도 않은 적당한 수프 중에서 뜨겁지도 차갑지도 않은 적당한 수프를 먹었다는 내용이다. 골디락스 경제란 높은 경제성장을 보이는 데에도 물가가 상승하지 않는 이상적인 경제 상황을 말한다. 이 기간 동안 미국은 3퍼센트 대의 높은 경제성장과 1퍼센트 대의 낮은 물가를 동시에 누렸다.

슈퍼 301조 대신 반부패 국가간 협약을 체결하라는 미국 경쟁력위원회의 촉구, 보다 정확하게는 미국 대표기업들의 압력은 미국 경제가 1994년부터 2008년까지 두 번의 경제 호황을 누리는 15년 동안 잠시 가라앉았다. 하지만 2008년 미국 경제의 중요한 버팀목이 되어준 금융 산업이 붕괴하면서 15년간 계속된 미국의 단꿈은 깨지고 말았다. 잠에서 깨보니 국가 빚은 눈덩이처럼 불어나 있고, 제조업은 국제 시장에서 경쟁력을 잃었으며, 부동산 시장은 붕괴되고 고용 시장은 최악의 상황이다. 자연히 국내 소비 시장은 움츠러들어 회복 기미를 보이지 않고 있다. 2011년 8월 미국 연방정부의 부채는 14조 달러를 넘어섰다. 미국의 국내총생산보다도 많다. 한 해 동안 미국의 전 국민이 아무것도 먹지 않고 아무것도 쓰지 않고 번 것을 모두 빚을 갚는 데 써도 현재의 빚을 다 갚지 못한다.

이제 미국 자신의 힘으로는 더 이상 이 문제를 해결할 수 없는 지경에 이르렀다. 결국 해법은 해외 시장밖에 없다. 그런데 미국이 15년의 호황을 누리는 사이 세계 제조업 시장은 이미 무섭게 성장한 아시아 국가들의 손아귀에 들어갔다. 이제 미국이 살아남을 수 있는 방법은 두 가지밖에 없다. 하나는 단기간 내에 아시아 국가들을 월등히 능가하는 제조업 경쟁력을 갖추는 것이고, 다른 하나는 아시아의 경쟁 기업들을 세계 시장에서 몰아내는 것이다. 앞의 방법은 누가 봐도 불가능해 보인다. 이제 남은 방법은 아시아 국가들을 쳐내는 길밖에 없다. 이것은 미국 경제의 생존이 달린 문제다.

그런데 어떻게 쳐낼 것인가? 1990년대 초까지만 해도 아시아 국가들은 미국의 통상 압력에 무기력한 후진국에 불과했지만 미국이 골디락스의 단맛을 보는 동안 선진국의 문턱까지 와서 제 목소리를 내고 있다. 어떻게 아시아의 위협적인 경쟁 기업들을 물리치고 미국과 미국 기업들이 살아남을 수 있을까?

이제 우리는 왜 2008년부터 미국이 15년 전에 등장했다가 가라앉은 반부패의 칼을 다시 꺼내 드는지 알 수 있다. 그리고 미국 경제가 생존의 위기를 겪을 향후 10년간 미국이 얼마나 강력하고 광범위하게 이 칼을 휘둘러댈지 예상할 수 있다.

우리가 국제적 반부패 압력의 이러한 의도를 이야기할 때 그들의 이중성에 분노하면서 국제적 반부패 압력에 저항해야 한다고 이야기하는 사람들도 있다. 당신은 아니기를 바란다. 반부패 압력에 어떻게 저항할 것인가? 부패한 기업도 불이익을 주어서는 안 된다고 주장할 것인가? 국제적 석학들이 모여 끊임없이 기업 부패로 인해 얼마나 선량한 사람들이 자신의 재산을 잃고 비탄에 빠져 있는지, 기업 부패가 얼마나 인간의 창의성을 말살하고 인류의 발전을 저해하는지, 국제 사회가 기업 부패로 인해 얼마나 천문학적인 비용을 부담해야 하는지에 관해 연구하고 이를 보고하고 있는데도?

이는 마치 채권자의 돈을 갚을 수 있을지 없을지 모르는 사람에게도 낮은 이자를 적용해야 한다거나 테러 집단에 무기를 공급하는 국가와도 정상적인 거래관계를 유지해야 한다고 주장하는 것처럼 어리석은 주장이다. 일단 공동의 적으로서 기업 부패에 대한 국제 사회의 합의가 이루어진 이상, 이러한 압력에 저항한다는 것은 불가능하다. 그들도 이러한 점을 너무나 잘 알고 있다.

혹자는 법이 정의의 편이라고 하고 혹자는 법이 약자의 편이라고 한다. 그러나 변호사들은 법은 알고 이용하는 자의 편이라고 말한다. 모르면 당하는 것이다. 왜 당했는지조차 모를 수도 있다. 그리고 불의의 사고였다고 생각하고 세계 시장의 경쟁에서 낙오된 이후에 통탄하는 것이다. 나의 질병과 죽음이 마을 앞산 신령의 저주 때문이라고 생각하는 것이다.

3. 한국 기업을 향한 반부패의 공격

부패방지의 세계적 요구

미국을 시작으로 한 부패방지에 대한 세계적 요구는 점점 더 그 강도를 높여가고 있다. 2000년대 들어 미국은 만든 지 30년이 넘는 해외부패방지법(Foreign Corrupt Practices Act)을 꺼내 들었다. 미국 내 본사는 물론 해외 지사의 임직원이 해외 공무원에게 뇌물을 제공할 경우 본사 경영진까지 처벌할 수 있는 해외부패방지법 위반에 대한 조사와 처벌을 강화하기 시작했다.

미국의 부시 대통령은 2002년 경영진이 회계 자료의 정확성을 보증하고 기업에서 회계 부정이 발생할 경우 경영진을 처벌하도록 하는 사베인스-옥슬리 법(Sarbanes-Oxley Act)에 서명을 한다. 이 법은 기업들이 내부고발을 위한 핫라인을 설치할 것도 요구한다.

2003년 10월에는 유엔까지 나서서 유엔반부패협약(United Nations Convention Against Corruption)을 유엔 총회에서 정식으로 채택했다. 2004년 세계경제포럼은 부패방지연합(Partnering Against Corruption Initiative)을 발족하고 국제투명성기구를 비롯한 국제적 부패방지기구들과 협력하기 시작했다. 2008년 스탠더드앤푸어스는 기업이나 국가의 부패 문제를 이유로 대상 기업이나 국가의 신용등급을 강등하기 시작했다.

미 법무부 기업 부정 대응 태스크포스(Corporate Fraud Task Force) 팀의 2008년도 보고서(Report to the President, http://www.justice.gov/archive/dag/cftf/corporate-fraud2008.pdf)에 따르면 2002년 7월 이후 1,300건의 기업 부정행위가 유죄 판결을 받았는데, 200명 이상의 CEO, 120명 이상의 부사장 및 50명 이상의 CFO가 이에 포함되었다.

2007년까지만 해도 뇌물 제공 기업에 부과되던 최고 벌금이 수십억 원 수준이었으나, 2008년에 들어서는 1조 원을 넘어섰다. 독일 지멘스는 전현직 임원들의 부패행위로 2008년 미국과 독일 정부에 낸 벌금만도 1조5,500억 원에 달한다.

2011년 미국 사법당국은 뇌물을 공여해 나이지리아의 광업권을 얻는 데 자문해준 혐의로 담당 변호사를 기소하는 등 해외 부패 사건에 관련된 변호사를 비롯한 전문직 종사자들에 대한 처벌을 확대하고 있다.

부패방지를 강요하는 세력

지난 2007년 노르웨이정부연기금(NGPF)은 비인도적인 무기인 접속탄을 생산한다는 이유로 보유하고 있던 우리나라 한화의 주식을 전부 매각했다. 약 14억 원에 해당하는 규모였다. 같은 이유로 국내 방산업체인 풍산을 투자 대상에서 제외했다.

노르웨이정부연기금은 전 세계 7,000여 기업에 총483조 원을 투자하는 세계 2위 규모의 국부연기금이다. 2007년 말 기준으로 한국 기업에도 247개 종목에 2조 원을 투자하고 있다. 삼성전자 주식 보유 규모만도 3,400억 원에 이른다.

2010년 덴마크 공적연금(ATP)은 현대자동차를 투자 대상에서 제외했다. 정몽구 회장이 비자금을 조성해 정치인에게 뿌렸는데도, 최고경영자직을 유지하는 등 사태 재발을 방지할 내부 시스템이 없다고 지적했다.

같은 해 세계 3대 연기금 운용회사인 에이피지(APG)자산운용은 투자자 입장에서 삼성전자 반도체 공장의 백혈병 논란에 의혹을 제기하고 삼성의 재조사를 신뢰할 수 없다고 밝혔다. 한국타이어에 대해서는 직원들의 돌연사 문제를, 대우인터내셔널에 대해서는 미얀마 가스 개발 현장의 인권 침해 문제를 제기했다.

2011년 국제표준화기구(ISO, International Organization for Standardi-zation)는 사회적 책임에 대한 국제표준 ISO 26000을 발효했다. 당연히 기업의 부패 문제를 지적하고 이에 대한 방지 시스템을 요구하고 있다. 부패 감시, 내부고발자 보호, 공정경쟁을 주요 내용에 포함시키고 있다. 이제 국제 입찰에 참여하는 우리나라의 기업들은 부패 문제로 인한 불이익이 가시화된 것이다. 국제 거래에서도 ISO 26000 요건의 충족을 거래 조건으로 제시하면서 부패 문제가 새로운 무역 장벽으로 작용할 것이라는 우려가 현실화되고 있다. 당장 2012년에 ISO 26000의 부패방지 조건으로 인해 세계 시장에서 낙오하는 한국 기업이 나올 것으로 예상하는 학자도 있다.

ISO 26000 제정을 주도한 오스트리아 빈 대학 마르틴 노이라이터(Martin Neureiter) 교수는 무노조 경영을 고집하는 삼성은 머지 않아 유럽의 노조, 소비자단체, 비정부기구(NGO)들로부터 거대한 반대운동에 직면하게 될 것이라고 공언했다.

이번에는 세계 언론의 움직임을 보자.

이명박 정부가 경제 분야에서 반부패 활동을 벌여왔지만 성과는 미흡하다. 거물급 경제사범들이 단죄되기보다는 면죄부를 받는 추세라며 다음 대통령이 결단을 발휘하지 않으면 MSCI나 다른 '벤치마크 지수'가 어떻게 결정되든 한국의 선진국 진입은 요원하다.

블룸버그 2011. 6. 14.

이번 주에 전 세계 20개 부국의 지도자들을 맞이하면서 한국은 불편한 진실을 파악하게 되었다. 한국이 그러한 회의를 추최할 수 있는 위치까지 오게 한 놀랄 만큼 성공척이었던 경제 전략은 그 유용한 생명의 끝에 가까워지고 있다. 그리고 그 성공 전략을 교체하기는 쉽지 않을 것이다. 극단적인 예로 퇴근 후 이런 남성 중심의 문화는 젊은 호스티스들이 술을 따르며 남자들과 잡담하는 '룸살롱'에서 많이 일어나는데…….

《월스트리트저널》 2010. 11. 8.

한국에서 온 고위급 올림픽 관계자들의 부패가 국제올림픽위원회를 당황하게 했다. 김운용 전 국제올림픽위원회 부위원장은 횡령죄를 저질러 2005년 부위원장직을 사임했고, 삼성그룹의 회장이면서 올림픽 후원자인 이건희는 탈세를 해서 2008년 국제올림픽위원회 위원직을 사퇴했다. 박용성 위원장은 횡령죄로 유죄 판결을 받았지만 2007년 사면되었고, 조양호 위원장도 탈세를 해서 1999년 3년형을 받았지만 120억 원 상당의 보석금을 내고 풀려났다.

《뉴욕타임스》 2011. 7. 7.

2010년 3월 윤증현 기획재정부 장관은 서울프레스센터에서 한국 경제를 설명하는 외신기자클럽 간담회에서 모두 발언을 했다. 여기에 참석한 외신기자들의 질문 내용을 들어보자.

한국의 룸살롱 문화 때문에 한국 여성의 기업 취직이 힘든 게 아니냐? 여성의 날을 맞아 한 가지 묻겠는데, 한국 여성의 사회참여율이 저조한 것은 룸살롱 등 잘못된 직장 회식 문화 때문이 아니냐? 기업체 직원들이 재정부 직원들을 룸살롱에 데려가는 걸로 아는데, 이에 대한 기준이 있느냐?

《월스트리트저널》 에반 람스타드 기자

룸살롱에서 가장 돈을 많이 쓰는 게 대기업 인사들인데, 이런 대기업들에

대한 세금 감면 등 접대비 허용은 엄격한 잣대를 적용해야 하지 않느냐?

CBS 라디오 돈 커크 기자

왜 선진국의 다국적 기업들이 전 세계적으로 부패척결에 목을 맬까? 미국의 다국적 제약회사가 왜 한국의 공무원이나 의사들이 뒷돈을 받는 것에 그리도 관심이 많을까? 왜《월스트리트저널》은 최근 들어 부쩍 틈만 나면 한국 기업의 룸살롱 문화를 소개하고 한국 기업 총수들의 횡령, 배임, 탈세 문제에 지면을 할애하고 있을까? 왜 국제적 신용평가기관들은 부패를 이유로 기업과 국가의 신용등급을 하향조정하며 부패방지를 위한 대책 수립의 압력을 주고 있을까? 왜 G20 정상들은 한국의 서울에 모여 반부패협약을 선언했을까?

윤 장관의 간담회 이후 기획재정부는《월스트리트저널》기자가 우리나라에 대해서 "잘 몰라서" 편견을 가지고 있다고 평가했다. 과연 그럴까?《월스트리트저널》기자가 우리나라의 현실을 잘 몰라서 우리나라 기업들의 부패 문제를 거론했을까?

우리의 생각은 다르다.《월스트리트저널》기자를 포함하여 세계 시장에서 경쟁하는 기업들에게 반부패 요구의 목소리를 높이

는 세력들이, 아시아 국가들이 문화적으로 부패 문제에 취약하다는 것을 잘 몰라서 자신들과 같은 기준을 따를 것을 요구하고 있을까? 그들이 주는 뇌물에 취약할 수밖에 없는 우리나라 기업지배구조를 잘 몰라서 자신들의 해외부패방지법을 들이대며 막대한 벌금을 부과하는 것일까?

적어도 우리의 경험으로는 그렇지 않다. 그들은 이러한 우리의 약점을 너무나도 잘 알고 있다. 그리고 우리나라의 문화와 기업지배구조로 이러한 약점을 벗어나기가 쉽지 않다는 점도 잘 알고 있다. 앞에서 본 《월스트리트저널》 2010년 11월 8일자 기사를 보라. 한국 기업이 부패를 눈감아주며 경제성장을 이루어냈고 이러한 부패 관행에서 벗어나지 못할 것이라고 예측하고 있다. 그들은 오히려 이것을 너무나도 잘 알기에 반부패를 그들의 전략으로 삼고 그러한 국제적 요구에 힘을 실어주고 있는 것이다.

그들이 원하는 것은 전 세계 기업 경영자들이 윤리적인 사람이 되는 것이 아니다. 그들이 원하는 것은 중국, 일본, 한국의 경쟁 기업들이 자국 내에서 부패를 통해 얻고 있는, 그들은 가질 수 없는 보호 환경을 제거하는 것이다. 그래야 자신들이 세계 시장에서 더 경쟁력을 확보할 수 있고 더 많은 물건을 팔 수 있고 더 많은 이익을 얻을 수 있다.

〈월스트리트저널〉이 움직일 때 변화는 시작된다

이번에는 국제적인 기업 부패 문제에 관한《월스트리트저널》
의 최근 기사들을 살펴보자.

《월스트리트저널》은 최근 그리스의 부정부패가 어떻게 재정적자 악화의
원인이 됐는지 소개했다. 그리스 수도 아테네의 한 카페 주인은 한 달 전
새 식당 개점에 필요한 각종 관청의 허가를 받기 위해 뇌물로 1만 유로(약
1,500만 원)를 공무원에게 건넸다.

《한국경제》 2010. 2. 12.

《월스트리트저널》에 따르면, 안나 하자레로 더 잘 알려진 키산 바파트바
부라오 하자레는 5일부터 수도 델리의 의회 앞에서 반부패방지법 개정
등을 촉구하며 흰옷을 입은 채 무기한 단식에 돌입했다.

《한국일보》 2011. 4. 8.

《월스트리트저널》은 국제투명성기구(TI)의 집계를 인용해 벤 알리와 인
척들이 집권 23년 동안 은행과 통신, 부동산 업체 등을 통해 막대한 재산

을 축적해왔다면서 440억 달러 규모의 튀니지 경제 중 3분의 1가량을 이들이 통제하고 있었다고 20일 보도했다.

《연합뉴스》 2011. 6. 11.

《월스트리트저널》 등 외신에 따르면 시민단체 버리시 2.0과 야당 세력은 9일(현지 시간) 쿠알라룸푸르 도심에서 2만 명 이상의 시민들이 참여한 가운데 "선거 개혁"을 외치며 시위를 벌였다. (중략) 보수적인 이슬람 말레이계와 세속적인 이슬람 진보 세력은 정부 내 발언권을 높이고, 정부가 근절시키지 못하는 부패를 막기 위해 목소리를 높여갔다.

《머니투데이》 2011. 7. 11.

《월스트리트저널》에 따르면 남수단 정부는 공식적으로 석유사업에 대한 의존도를 대폭 낮추는 대신 농업을 집중적으로 키우겠다는 청사진을 갖고 있다. (중략) 프린스턴 리마 남수단 미국 특사는 "석유 산업에서 생산된 돈이 경제 발전에 쓰이지 않고 부패한 곳으로 흘러간다면 신생 국가의 이미지는 급격히 나빠질 것"이라고 말했다.

《서울경제》 2011. 7. 11.

세계 최장의 베이징~상하이 고속철은 중국 고속철 기술의 비약적 성장을 보여준 상징으로 평가돼왔다. 반면에 (중략) 고속 성장의 탄환에 올라탔지만 속도에 밀린 내실과 고질적인 부패 등 중국이 직면한 문제들의 종합판이기도 하다. (중략) 《월스트리트저널》은 중국이 자세한 사고 원인을 공개하지 않고 있지만 고속철의 운영 방식에 문제가 있는 것 같다는 외국 전문가의 말을 전했다.

《경향신문》 2011. 7. 14.

우리는 지금처럼 《월스트리트저널》이 사사건건 각국의 경제 몰락의 주범으로 부패 문제를 지목하고 각국의 반부패 세력에 힘을 실어주기 위해 애쓰며 이러한 기사들을 각국의 언론사들에 뿌리는 것을 본 적이 없다. 그들은 윤리의식이 너무도 투철하여 부패에 오염된 돈에는 손을 댈 수 없는 사람들인가? 《월스트리트저널》은 2010년 6월 급기야 기업과 정부 등 조직의 부패와 사기, 내부자 거래 등 모든 부정행위에 대한 정보를 투고할 수 있는 사이트 '세이프 하우스(Safe House)'를 개설하기에 이른다.

우리는 왜 세계 기업 경영 환경의 변화를 이야기하면서 《월스트리트저널》의 움직임에 주목하는가? 《월스트리트저널》은 어떠한 언론인가?

《월스트리트저널》은 원래 112년 전 다우존스(Dow Jones) 사의 C. H. 다우(Dow)가 창간한 경제지다. 현재 전 세계적으로 가장 영향력이 큰 경제지로 인정받고 있다. 2007년 호주 출신 언론재벌 루퍼트 머독(Rupert Murdoch)이 이를 인수한다. 당시 《월스트리트저널》의 대주주들이 머독의 인수에 반감을 가지자, 주식 가치보다 67퍼센트 높은 50억 달러의 매수 가격을 제시하여 돈의 힘으로 굴복시켰다.

머독은 세계적 미디어 그룹인 뉴스코퍼레이션(News Corporation)의 최고경영자다. 《월스트리트저널》, 《뉴욕포스트(New York Post)》, 《타임스(Times)》, 폭스 방송(Fox Broadcasting), 20세기 폭스(20th Century Fox), 스타 TV(Star TV), LA 다저스(LA Dodgers) 등 신문, TV, 케이블 방송, 영화, 스포츠까지 52개국에서 780여 종의 엔터테인먼트와 정보 산업을 장악하고 있다. 스스로 자신이 지도자들을 세웠고 마음에 들지 않으면 교체할 수 있다고 말하고 있다. 영국에서는 총리가 두 군주를 모신다는 말이 있는데, 하나는 군림하되 통치하지 않는 여왕이고 다른 하나는 군림하지 않지만 통치하는 머독이다.

중국 천안문 사태 때 중국 정부를 적극 옹호하며 중국 공산당 권력자들과 친분을 쌓고 중국 여성을 세 번째 부인으로 맞이하면서 중국 여론의 호응을 얻어 서방 언론으로서는 최초로 중국의 막대한 언론광고 시장을 선점했다.

영국에서 《뉴스오브더월드(News of the World)》라는 신문을 통해 유명인들의 사생활을 단독 보도하면서 막대한 이익을 얻었는데, 이를 위해 왕실, 이라크 전사자, 테러 희생자, 실종 소녀의 휴대폰을 무차별적으로 도청한 사실들이 밝혀지면서 2011년 7월 영국 의회 청문회에 소환되었다. 밀리 도울러(Milly Dowler)라는 13세 영국 소녀가 납치돼 살해당할 때 도울러 가족과 친구가 남긴 음성 메시지를 해킹을 통해 확보했다. 또 음성사서함 저장 공간을 확보하기 위해 메시지를 삭제하기까지 했다. 고든 브라운(Gordon Brown) 전 총리는 갓 태어난 아들이 낭포성섬유증을 앓고 있다는 사실이 머독의 《더선(The Sun)》지에 보도되자, 자신의 전화를 도청하지 않고서는 결코 알 수 없는 사실이라고 밝혀 머독이 영국 총리의 통화 내용까지 도청하고 있다는 의혹이 제기되었다. 머독의 도청 의혹을 처음 제기한 기자는 청문회 전에 의문의 변사체로 발견되었다.

이처럼 《월스트리트저널》은 세계적 영향력이 가장 막강하면서 동시에 권력과 자본의 이익에 가장 충실한 언론이다. 《월스트리트저널》이 얼마나 국제 자본 세력의 이익에 충실하게 움직이는지에 대해서는 개인적인 경험이 있지만, 여기서는 일단 이 책의 주제에 충실하자.

우리가 이 책에서 말하고자 하는 것은《월스트리트저널》이 이처럼 단기간 내에 하나의 주제에 대해 보도를 집중할 때에는 그 배경이 있을 가능성이 높다는 점을 인식해야 한다는 것이다. 우리가 알 수 있는 또 하나는 적어도《월스트리트저널》이 너무나도 윤리적인 사람들의 집단이라서 우리나라의 부패 문제를 심각하게 다루고 있는 것은 아니라는 점이다. 끝으로 우리가 위의 기사들에서 볼 수 있는 것처럼《월스트리트저널》이 한국을 포함한 아시아 국가들의 부패 문제에 대한 공격을 시작했다는 점이다.

03
착하게 사는 것과
기업 부패방지는 어떻게 다른가?

1. 룸살롱의 룸 안에서는 무슨 일이 벌어질까?

지하실에 모인 퀸카들

우리는 앞에서 미국을 중심으로 한 선진국의 정부, 기업, 언론들이 2008년 이후 기업 부패 문제에 엄격한 잣대를 들이대고 이에 관한 협약과 법을 마련하고 이와 관련된 국제적 민간단체에 힘을 실어주고 있는 예들을 살펴보았다. 그리고 그들이 이렇게 하는 것은 그들이 윤리적이라서가 아니라 그들의 경영전략이라는 것을 강조했다. 예측컨대 이러한 변화는 분명히 자유무역주의 압력 이상의 강도로 부패 기준에서 낙오하는 기업들을 시장에서 퇴출시켜갈 것이다.

이러한 변화를 읽어내고 이에 어떻게 대응할지 여부는 각자의 능력과 판단에 달려 있다. 우리는 당신이 현명한 판단을 하고 당신의 기업이 변화에서 살아남는 기업이 되길 바란다. 그러면 우리는 어디서부터 시작해야 할까? 먼저 우리의 모습부터 살펴보지 않을 수 없다. 룸살롱으로 가보자.

내가 처음 룸살롱이라는 곳에 가본 것은 1999년 입사축하연 자리였다. 당시만 해도 내가 다닌 첫 직장은 조건에 맞는 예비변호사에게 따로 연락해서 입사를 제의하고 입사 의사를 확정하면 축하연을 열어주는 호사를 마련해주곤 했다.

룸살롱의 첫인상은 충격적이었다. 운 좋은 날 압구정 청담동에서 볼 수 있는 미인들은 죄다 모아놓은 것 같았다. 별 볼일 없는 외모와 숫기 없는 성격 탓에 여자들의 관심을 별로 받아본 기억이 없는 나로서는 소개팅에서 만났다면 눈이 번쩍 띄었을 퀸카가 내 옆에 바짝 붙어 앉아 온갖 시중을 다 들어주는 눈앞의 광경이 비현실적으로 느껴졌다. 물론 몇 번 더 가본 뒤로는 그 퀸카들의 얼굴에서 하나같이 억지로 뜯어고친 흔적들을 역력히 볼 수 있을 정도의 이성을 되찾았다.

룸살롱의 가장 큰 특징은 폐쇄성에 있다. 닫힌 문 안의 방에서 무슨 일이 벌어지는지 외부 사람들은 알 방법이 없다. 한 번은 룸살롱 방에 앉아 있는데 옆방에서 낯익은 레퍼토리의 가요들을 익숙한 순서대로 부르는 낯익은 목소리가 들렸다. 마담에게 "옆방에 선배 형이 와 있네요" 했더니 얼굴 표정 하나 안 변하고 그분은 안 오셨단다. "에이 저 노래들을 저 순서대로 부를 사람이 그 형 말고 또 어디 있어요" 하자, "제가 가서 한번 확인해볼게요" 하고 나가더니 안 들어온다. 룸살롱 마담들이 자신의 손님을 다른 사람에게 알리지 않는 것은 불문율이고 손님들의 신뢰를 얻는 방법이기도 하다는 사실을 안 것은 한참이 지난 뒤였다.

내 친구를 먹여 살리는 룸살롱 아가씨

저녁 시간 논현동에 가면 검은색 모범택시들이 줄지어 서 있는 골목이 있다. 이 동네의 풍경은 별천지 같은 느낌을 준다. 주택가 골목 안에는 다른 곳에서는 볼 수 없는 미용실, 애완견 가게, 명품 의류와 속옷 가게, 식당들이 줄지어 있다. 이곳의 가게들은 하나같이 오후 3시 이후에 문을 열어서 다음날 아침까지 영업을 한다.

압구정에서 성형외과를 하고 있는 내 친구는 개업 이후 부쩍 룸살롱 출입이 늘었다. 다른 친구의 전언에 따르면, 이 성형외과

의사 친구의 룸살롱 방문은 특이해서 술은 잘 마시지 않고 최대한 많은 여성들을 방으로 불러들이며 하루에 룸살롱 네 곳을 옮겨 다니는 경우도 있다고 한다. 압구정에서 성형외과를 하려면 테헤란로 역세권 신축 건물 임차료로는 엘리베이터 없는 이면도로 자리밖에 못 구하는 비싼 임차료와 인테리어 업자들이 최대 고객으로 생각할 만큼 많은 인테리어 비용, 때때로 얼굴을 보여야 하는 여성 잡지 협찬비 등의 비용을 뽑아내야 한다. 이러려면 평생에 한두 번 성형수술을 하는 일반인 고객으로는 수지를 맞출 수 없다. 계절마다 한 번씩 얼굴에 투자해주는 고정고객이자 잘만 해주면 이런 고정고객 친구들을 더 불러올 수 있는 유흥업소 여성들을 고객으로 많이 확보하고 있어야 잘 나가는 성형외과가 될 수 있다. 이 친구에게 룸살롱 출입은 고객 확보를 위한 영업 활동이었던 것이다.

강남 룸살롱 경기 불황으로 유흥업소가 몰린 논현·역삼·청담동 일대 부동산 경기도 직격탄을 맞고 있다. 아가씨들이 주로 거주하는 원룸, 오피스텔 사정도 그리 밝지 않다. 강남 테헤란로, 교보타워 사거리를 주축으로 한 논현·역삼동 일대 오피스텔은 주 수요층이었던 업소 아가씨들이 속속 방을 빼면서 가격이 많이 떨어졌다.

룸살롱이 불황을 겪으면 고급 미용실, 명품 매장 등이 동시에 어려워진다는 게 업계 정설로 통한다. 도우미 아가씨 수입이 줄면서 관련 업종 소비가 급격히 줄어들기 때문이다. 주변 상권이 적잖은 타격을 입을 수밖에 없다.

업종별로 볼 때 가장 직격탄을 맞는 곳은 미용실과 콜택시다. 경기가 좋을 때 아가씨들이 매일 쓰는 미용비는 평균 5만~10만 원 정도로 대략 머리 3만 원, 메이크업 3만 원, 네일 1만 원 등이다. 이처럼 미용비가 만만치 않게 들다 보니 아가씨들은 단골 미용실을 정해 월정액제로 이용하곤 했다. 월평균 50만~150만 원 수준이었다.

모범택시들도 어렵긴 마찬가지. 참고로 아가씨들의 출퇴근을 전문적으로 담당하는 모범택시를 업계에선 '콜뛰기'라고 부른다. 어원은 '부르다'의 콜(call)과 '뛰다'라는 우리말이 합쳐진 콩글리시다.

아가씨들이 많이 찾는 성형외과, 피부과 등 병원도 어렵기는 마찬가지다. 강남역 인근 A피부과의 L원장은 "지난해 추석 이후 꺼진 경기를 실감한다"고 전한다. L원장이 바로미터로 삼는 것은 룸살롱 아가씨들의 방문 횟수다. 지난해 초까지만 해도 병원을 찾는 아가씨들은 하루 평균 5명을 웃돌았다.

《매경이코노미》 2009. 2. 18.

우리나라 경제의 핵심이라는 서울 강남에서 룸살롱이 불황을 맞으면 지역 부동산, 룸살롱 종사자 거주지역 부동산, 주류업계,

성형외과, 미용실, 모범택시까지 줄줄이 불황을 맞는다. 룸살롱 종사자들이 이들 산업의 종사자들은 물론 그들의 부양가족까지 먹여 살리는 셈이다.

국세청에 따르면 2009년 기준 우리나라에서 특별소비세를 내고 있는 룸살롱과 단란주점, 나이트클럽 등 유흥주점만도 7,242개에 달한다. 국세청이 파악한 같은 해 유흥접객원은 14만 명에 달한다. 실제 인원은 70만 명에 달할 것으로 추정하는 자료도 있다. 통계청의 자료에 따르면 같은 해 20~34세 전국 여성 인구가 520만 명이므로, 젊은 여성 10명 중 한두 명은 유흥업소 종사자라고 추정할 수 있다.

룸살롱 여성들이 아직 퀸카로 보이던 그 시절, 당시만 해도 그리 흔하지 않던 억대 연봉을 받는다는 이유로 팔이 비틀려 친구들에게 '좋은 곳'에서 술을 사야 했다. 하룻밤에 200만 원 가까운 돈이 나가는 룸살롱을 한번 다녀오면 억대 연봉인 내 월급도 카드값으로 휘청거렸다. 내 팔을 비튼 녀석들은 평범한 회사원, 그야말로 사원들이었다.

요즘 물 좋은 곳이라며 친구의 소개로 끌려간 신사동 골목 안 룸살롱에서 나를 놀라게 한 것은 마담과 녀석들의 친밀도였다. 매주 출근하지 않고서는 알 수 없는 시시콜콜한 일상까지 서로 확인하는 인사를 나누고 있었다. 이곳 술값이 하루에 적어도 100만 원은 넘을 것이 확실하고 녀석들 월급은 많아 봐야 300만 원, 도저히 계산이 안 맞는다. 이곳이 녀석들이 회사 비용으로 회사 거래처 사람들을 접대하는 단골집이라는 것을 안 것도 역시 한참 뒤였다.

우리나라 기업들의 접대 노력은 눈물겹다. 그만큼 우리가 모르는 사이 우리 경제의 곳곳에서 이루어져야 하는 중요한 의사결정이 부패행위로 오염되어 있다는 뜻이다. 또 다른 의미에서 보면 이러한 부패행위가 우리 사회에서 제거될 때 기존과는 다른 의사결정이 이루어질 수 있고, 기업간의 경쟁력 우위도 현재와는 달라질 수 있다는 얘기다.

접대 후 2차를 보내주고 나서도 안심할 수 없다. 아가씨가 마음에 안 든다고 바꿔 달라고 하는 사람이 있기 때문이다. 나는 방문 앞, 그러니까 모텔 복도에서 기다리고 서 있다가 30분이 지나면 그제야 돌아서곤 했다.

돈이나 술 접대가 아니면 미안해하지도 않는다. 부담되지 않는 선에서 구해 달라고 하지만 무슨 수를 써서라도 구해주지 않으면 안 된다는 걸 안다. 우리 회사가 후원하는 공연이나 경기 티켓을 당일 전화를 받아 퀵서비스로 보내주고서도 자리가 안 좋다고 불평을 들었다.

실수를 하면 안 되니 술집도 한곳을 정해놓고 접대를 한다. 하도 접대를 많이 하니까 나중에는 룸살롱 주인이 내게 접대를 할 정도다.

경조사비를 낼 때는 혼주나 상주의 눈에 띄어야 한다. 혼주나 상주는 행사를 마치고 나면 경조사비를 낸 사람들과 금액 명단을 훑어본다. 어떻게 눈에 띄겠는가? '0'을 하나 더 붙이는 것이다. 다른 사람들이 5만 원 내면 50만 원 내고 10만 원 내면 100만 원 낸다.

현금을 주어야 할 때에는 골프가방에 현금을 담아서 골프장에서 가방을 바꾸는 방법을 사용한다. 골프가방에 1만 원권 현금을 가득 담으면 3억까지 들어간다.

뇌물을 주는 101가지 방법

흔히 부패 문제를 이야기하면 돈을 건네주는 것을 생각한다. 하지만 요즘 이런 식으로 뇌물을 주면 포장 안 하고 선물만 덜렁 주는 셈이다. 우리는 앞에서 부패의 의미를 말하면서 돈을 주는 것이라고 하지 않고 경제적 이익을 주는 것이라고 말했다. 경제적 이익을 주는 방법은 무궁무진하다. 100만 원을 직접 주는 것도 경제적 이익을 주는 것이지만, 200만 원짜리 물건을 100만 원에 팔아도 100만 원의 이익을 주는 것이다. 받은 사람은 받은 물건을 다른 사람에게 제 값에 팔면 똑같이 100만 원이 자기 손에 들어온다. 대상이 물건이 아니라 그림과 같이 정확하게 값을 매기기 어려운 대상인 경우에는 이러한 판단이 더 어려워진다. 컨설팅과 같이 무형의 자산을 거래할 경우에는 더 심해진다.

A회사가 검사장에게 뇌물을 주려고 한다. 어떤 방법들이 가능할까?

- 검사장에게 현금을 주면 된다.

- 검사장이 가지고 있는 그림을 비싼 값에 사줘도 된다.

- A회사가 가지고 있는 비싼 그림을 싼 값에 검사장에게 팔아도 된다.

- 검사장의 부인에게 현금을 주거나 그림을 비싸게 사주거나 싸게 팔아도 된다.

- 검사장의 아들에게 현금을 주거나 그림을 비싸게 사주거나 싸게 팔아도 된다.

- 검사장이 B회사를 하나 차려서 A회사가 납품업체로부터 사던 물품들을 검사장이 차린 B회사를 통해서 사줘도 된다. 기존 납품업체가 얻던 영업이익은 B회사가 차지하게 되고 검사장은 B회사의 주주로서 그 이익을 취할 수 있다.

- A회사가 만든 물건을 검사장이 차린 회사에 싸게 팔아도 된다.

- 검사장의 부인이나 아들이 차린 회사로부터 물품을 사주거나 A회사가 회사 제품을 검사장의 부인이나 아들이 차린 회사에 싸게 팔아도 된다.

부패방지 전문 변호사로 10년간 일한 경험만으로도 이런 식으로 뇌물을 주는 다양한 방법들을 이 책의 마지막 장까지 열거할 수 있다.

우리나라에서 아버지가 고위직에 오르면 아들이 뜬금없이 컨설팅 회사를 차린다. 아버지에게 뇌물을 주고 싶은 회사들은 아들 회사에 컨설팅을 의뢰한다. 컨설팅 자문료는 주고 싶은 뇌물 금액에 형식적이나마 컨설팅이라는 것을 하는 데 드는 비용과 세금을 더한 금액으로 정한다. 운 좋으면 하나 마나 한 컨설팅 과정에서 아버지가 가지고 있는 고급 정보도 덤으로 얻을 수 있다.

제3자를 통하면 둘 사이에 얼굴 한 번 안 보고도 뇌물을 줄 수 있다. 우리가 본 예를 들어보자. A제약회사가 새로 개업한 B병원에 돈을 주려고 한다. 어떻게 하면 될까?

B병원은 병원 관리 시스템을 구축해야 한다. B병원은 시스템 구축 업체 C로부터 1억 원 상당의 시스템 개발 용역을 제공받는다. 시스템 구축 업체 C에 돈을 주는 것은 A제약회사다. B병원과 A제약회사 간에는 아무런 거래도 없지만 1억 원이 A제약회사에서 B병원으로 넘어간 셈이다. 조사가 나와도 B병원에서는 돈 들어온 내역만 조사하기 때문에 이 자료는 나오지 않는다. A제약회사를 조사하면서 B병원이나 의사에게 돈 준 내역을 찾겠다고 병원,

소속 의사, 의사들의 학회, 의사들이 운영하는 회사와의 거래 내역까지 다 조사하지만 시스템 구축업체 C에 지급한 내역은 나오지 않는다.

한 단계 더 들어가는 경우도 있다. 병원만이 아니라 제약회사도 시스템 구축이 필요하다. A제약회사는 다른 업체에 맡기면 1억 원이면 될 일을 2억 원에 시스템 구축 업체 C와 계약한다. 이번에는 C업체가 B병원과 계약을 하면서 2억 원을 받아야 할 일을 1억 원에 싸게 해준다. C업체로서는 결국 자신이 받아야 할 3억 원을 다 받았다. 결국 A제약회사가 B병원에게 1억 원을 준 셈이다.

계열사들이 있는 경우에는 더 많은 조합들이 나온다. 재벌 총수인 아버지는 자신이 가지고 있는 계열사 주식 중 영업 실적이 거의 없어 가치가 없는 광고회사 주식을 아들에게 싼 값에 판다. 그룹 계열사들은 이제 광고 업무를 모두 이 회사에 맡기기 시작한다. 과거에는 안 했던 광고들도 일부러 만들어서 한다. 광고회사는 영업 실적이 급격하게 좋아지고 주식의 가치도 수십 배 올라간다. 아들은 값이 오를 대로 오른 주식을 높은 가격에 제3자에게 판다. 아버지와 아들 간의 거래관계는 이렇게 정리된다.

내가 만난 어느 공직자는 한 사업가로부터 접대를 제안받았다. 그 공직자는 혹시 사업가와 자신이 같이 앉아 있는 모습을 다른 사람이 보지 않을까 걱정되었지만, 몇 달 동안 야근한 후배들에게 술 한번 제대로 사주기 위해서 후배들을 데리고 그 사업가가 알려준 룸살롱으로 갔다. 그 사업가가 미리 와서 기다리고 있을 줄 알았는데 자기네 일행이 먼저 도착했다. 방에 도착하자마자 마치 기다리고 있었다는 듯이 휴대폰으로 전화가 왔다.

"아이고, 이거 죄송합니다. 제가 오늘 지역 행사가 있었는데 깜박하고 약속을 잡았네요. 가게에는 제가 얘기해두었으니 즐거운 시간 보내십시오. 정말 죄송합니다."

이런 실수를 할 인물이 아닌데, 이상하다. 방에 들어온 시간에 딱 맞춰 전화한 것도 신기하다. 이번에는 전화를 끊자마자 알고 있었다는 듯이 술집 주인이 잠시 밖으로 부른다. 사장님께서 낮에 오셔서 1,000만 원을 결제하시면서 잘 대접하라고 당부하셨단다.

아하!

사업가가 결제한 돈으로 이 공직자는 그날은 물론이고 이후 두 번이나 더 그 술집에 가서 후배들에게 한턱 제대로 쐈았다. 사업가는 이 공직자를 만나지도 않았고 사업가와 공직자의 계좌를 아무리 뒤져봐도 거래 내역이 있을 리 없다. 공직자가 술자리를 하는 동안 사업가는 지역 행사에 참석하고 있었다.

이게 프로의 세계인 것이다.

2. 부패는 윤리 문제가 아니다

어떻게 검사가 조직폭력배와 술자리를 함께할 수 있을까?

서울-제주-강릉 검사 등 전국적 규모로 성접대 등이 최근까지 자행됐는
가 하면 해외에까지 나가서 성접대를 받았고 특히 검사가 조폭 출신 사업
가 및 수사선상에 오른 피의자, 변호사들로부터 성접대 등을 받으면서 재
판 조언 등을 해준 명백한 범법사실이 새로 드러났기 때문이다.

《뷰스앤뉴스》 2010. 6. 9.

신문에서 검사가 조직폭력배와 술자리를 함께했다는 소식을
들으면 대부분 쉽게 이해하기가 힘들다. 도대체 얼마나 부패한 검
사이기에 조직폭력배를 검거해야 할 검사가 조직폭력배와 술자리
에서 함께 향응을 즐겼단 말인가?

과연 그럴까?

아는 검사님이 들려준 일화 하나를 예로 들어보자. 하루는 평
소 친형제처럼 지내던 지인이 오랜만에 얼굴이나 볼겸 술이나 한
잔 하자고 연락이 왔다. 반자운 마음에 만사 제치고 달려 나가 허
름한 일식집 방 한 칸에서 옛날 함께 놀던 시절 이야기에 밤이 깊

은 줄 몰랐다. 옛정과 술에 취해 기분이 들뜰 무렵 함께 자리한 형님이 전화를 받는다. 잠시 후 형님은 미안한 얼굴로 자기와 아주 친한 후배가 마침 옆방에서 저녁을 먹고 있다가 자기 목소리를 듣고 전화를 했는데 잠깐 들어와서 얼굴 좀 봐도 되겠느냐고 묻는다. 검사는 우리 사이에 뭘 그런 걸 묻냐며 그러시라고 한다. 잠시 후 인상 좋은 후배가 반취된 얼굴로 방 안에 들어선다.

"아이고, 이거 좋은 시간 방해해서 죄송합니다."

"아닙니다. 어서 들어와서 술 한잔 하고 가세요."

이렇게 분위기는 무르익고 세 사람은 어느새 형님, 동생이 되어 밤이 깊어지는 줄도 모르고 흥겨운 술자리를 함께한다. 밤이 깊어지자, 그 후배는 제가 이 방 회를 다 먹어버렸는데 이대로 보내면 체면이 안 선다며 맥주 한잔 더 하자고 등을 떠민다. 이들은 어느새 룸살롱 밴드 반주에 서로 얼싸안는다.

이 후배가 조직폭력배다.

윤리경영이 아니라 부패방지다

당신은 윤리적인 사람인가?

그러면 당신은 부패한 사람인가?

우리의 경험에 따르면, 질문을 받은 사람의 20퍼센트만이 자신은 윤리적인 사람이라고 대답한다. 반면 자신이 부패한 사람이라고 대답하는 사람 역시 20퍼센트 수준에 불과하다.

우리는 이 책에서 흔히 윤리경영과 혼용되는 기업의 반부패 문제를 의도적으로 부패방지라고 불러왔다. 반부패의 문제를 윤리경영이라고 부르는 것은 다음과 같은 점에서 적절하지 않다.

첫째, 윤리경영이라는 표현은 극소수의 선량한 사람들에게만 가능한 행위라는 오해를 불러일으킨다. 기업 경영에서의 부패방지는 기업의 임직원들이 고고지순한 윤리적인 삶을 살 것을 요구하는 것이 아니다. 그것은 모든 국민이 지켜야 하는 법률을 지키고 기업에서 정한 규정들을 어기지 않는 것으로써 대부분 충족된다.

둘째, 윤리경영이라는 표현은 윤리경영이 실현되지 못하는 이유를 윤리적이지 못한 개인에게서 찾게 만드는 오류를 범한다. 이에 관해서는 뒤에서 자세히 이야기할 것이다.

셋째, 윤리경영이 윤리적인 경영이라는 면에서 현재의 상태를 의미하는 정적인 개념이라면, 부패방지는 기업에서의 부패가 언제 어디서나 끊임없이 지속적으로 발생할 수 있음을 인식하고 이를 방지하기 위한 일련의 노력을 의미하는 동적인 개념이다.

이러한 점에서 우리는 윤리경영이라는 표현보다 부패방지라는 표현이 더 적절하다고 생각하며, 스스로를 지칭할 때도 윤리경영

전문 변호사라 하지 않고 부패방지 전문 변호사라고 굳이 고쳐 부르고 있다(나를 윤리적인 사람으로 오해하지 않을까 우려하는 면도 없지는 않다).

검사와 조직폭력배의 술자리 이야기에서 본 것처럼 부패 문제는 일부 몰지각한 극소수의 타락한 사람들에게만 일어나는 문제가 아니다. 내가 존경하는 직장 선배에게도, 나와 죽마고우로 지내는 절친한 친구에게도, 그리고 나 자신에게도 언제든지 일어날 수 있다. 우리가 기업 활동에 있어서 이러한 위험이 상존한다는 것을 제대로 인식하고 항상 주의를 기울여 짚어보지 않으면 우리 역시 조직폭력배와 룸살롱에서 형님 동생 하는 타락한 검사와 같은 부패의 주인공이 될 수 있다.

반대로 부패 문제는 먹고살 만하고 예수님, 부처님, 공자님 같은 극소수의 결백한 사람들이나 관심 가지면 되는 부차적인 문제가 아니다. 그것은 우리를 부정한 범법자로 만들 수 있는 행위다. 우리가 경제 활동을 하는 이상 가장 첫 번째로 통과해야 하는 관문이다.

3. 부패한 개인이 문제가 아니라 시스템이 문제다

박연호가 없었다면 부산저축은행 문제가 없었을까?

우리는 부패방지 강의를 할 때 종종 부패는 자본주의의 바이러스라고 표현한다.

> 부산저축은행 피해 예금자들로 구성된 비상대책위가 한 달 넘게 부산저
> 축은행 초량동 본점에서 점거 농성을 벌이고 있는 가운데 13일 오전 이
> 승우 예금보험공사 사장과 임직원 등이 본점을 방문하자 방문단을 쫓아
> 가며 거센 항의를 하던 예금자들이 도로에 쓰러져 눈물을 흘리고 있다.
>
> 《뉴시스》 2011. 6. 13.

부산저축은행은 경영주의 사금고로 전락한 부실 덩어리였지만, 정부 관료들에게 연줄이 닿은 사람들은 높은 이자만 챙기다가 영업정지 발표 전날 밤 고스란히 예금을 인출받아 갔다.

자본주의는 약간의 반칙만 허용하면 힘 있는 자들의 이익을 최대화하는 최적의 환경을 제공하고 힘없는 자들의 피눈물로 그것을 바친다.

칼 마르크스(Karl Marx)는 자본주의가 인간의 탐욕을 먹고 자라고 그것은 다시 인간의 탐욕을 키운다고 보았다. 자본주의 시장에서는 언제나 부패 문제가 잠재되어 있고 그 존재를 인정하고 막고 치유하려는 노력이 없으면 자본주의는 끊임없이 병들어갈 수밖에 없다. 19년 전의 신문 기사 하나를 보자.

- 사금고로 전락한 신용금고 -

국회의 국정감사기간에 터진 28개 상호신용금고의 무더기 불법거액대출 사건은 (중략) 미봉책의 한계를 절감하게 된다. 지난 7월의 정보사 땅 사기 사건 직후 정부는 서둘러 금융사고재발방지대책을 마련, 금융기관 내부 통제와 감독기관의 외부감독강화, 상호신용금고의 자체감사 강화, 그리고 과도한 수신경쟁지양 등을 다짐했었다. (중략) 급할 때마다 허황한 원칙이나 입에 올리고 해당 금융기관 임직원 몇몇을 문책하는 것만으로 상황이 개선될 수는 없다.

《경향신문》 1992. 10. 17.

20여 년 전에도 2011년 부산저축은행 사건과 같은 부패 문제가 그대로 있었음을 알 수 있다. 앞으로 20년 후에는 어떠할까?

2011년에 박연호 부산저축은행장이라는 사람이 없었더라면 부산저축은행 사태와 같은 금융 부패 사건이 발생하지 않았을까? 이 사람이 교도소에 수감되어 있으면 이제 이러한 문제가 발생하지 않을까?

일벌백계의 함정

정도경영 위반 사례에 대해 진위 여부를 확인하고 만일 비위 사실이 드러날 경우 그에 상응하는 책임을 물을 것이다. 일벌백계의 심정으로 단호하게 조치해 정도경영 의지를 확인하는 계기로 삼겠다.

2011년 7월 우리나라 대기업 최고경영자가 기업 임직원에게 보낸 메시지다.

일벌백계(一罰百戒). 한 사람을 벌주어 백 사람을 경계(警戒)한다는 뜻으로, 한 가지 죄와 또는 한 사람을 벌(罰)함으로써 여러 사람의 경각심을 불러일으킨다는 말이다. 한 사람을 벌하여 백 사람에게 경계를 줄 수 있으려면 한 사람에게 내려지는 벌이 무거워야 할 것이다. 위반행위로 인해 얻을 수 있는 이익의 100배의 벌을 가한다면 100명에게 경계가 될 수 있을지 모른다.

그러면 기업 내 부패 문제는 사라질까? 흔히 말하는 범죄행위 이론 중에 범죄자는 자신의 범죄행위로 얻을 수 있는 이익을 한 축으로, 범죄행위가 적발될 가능성에 적발될 경우에 자신에게 돌아오는 피해를 곱한 결과를 다른 한 축으로 둘을 서로 비교하여 범죄행위를 할지 결정한다는 이론이 있다. 사실은 대부분의 범죄행위자가 자신의 적발 가능성을 실제보다 낮게 평가하기 때문에 적발 가능성과 피해를 곱한 결과가 얻을 수 있는 이익보다 현저히 높아야 한다. 쉽게 말해서 객관적인 범죄적발률은 상당히 높은데도 범죄자 개인들은 자신은 걸리지 않을 것이라는 생각으로 범죄를 저지른다는 말이다. 이것을 확률의 주관적 오류라고 한다. 또 범죄 이익에 대한 인간의 감정적 충동성은 이러한 격차를 더 크게 만든다. 사형제도가 있는데도 범죄행위가 사라지지 않는 것은 범죄 적발 시에 자신에게 오는 피해가 아무리 커도 (사형으로 자신의 목숨을 잃을 수 있으니 적발 피해를 수치로 나타내면 무한대가 되는 셈이다) 범죄자의 심리적 충동 때문에 모든 범죄를 막을 수 없다는 것을 의미한다.

확률의 주관적 오류와 범죄자의 심리적 충동 문제까지 고려할 때 100배의 벌로써 부패를 막으려면 부패행위를 적발해서 처벌에 이르는 확률이 적어도 25퍼센트는 넘어야 한다.

10여 년간 기업의 경영 현장에서 부패의 적발과 방지에 관해 국내외 수없이 많은 기업들의 자문 업무를 맡아온 우리의 경험에 비추어보면 25퍼센트의 적발률은 절대 불가능하다. 부패 은폐의 기술이 나날이 발전하고 그 방식도 지극히 복잡해져가는 추세를 감안하면, 그 수치는 더 낮아질 것이다. 결국 일벌백계로는 절대

기업의 부패 문제를 해결할 수 없다.

우리나라 대기업 직원들이 가장 무서워하는 것이 국가정보원 수준의 정보력과 노하우를 자랑하는 기업 내 감사반이다. 한번 감사반이 뜨면 신용카드 사용 내역까지 다 뒤져서 주중에 골프장 가까운 식당에서 결제한 내역, 주말에 집 부근 식당에서 결제한 내역까지 집중조사가 이루어진다. 이러한 막강한 감사반이 있는데도 왜 우리나라 대기업 총수들이 기업 내 부패행위에 대해 아직까지도 진노해야 하는 상황이 발생하는 것일까?

이것은 우리나라 기업들의 부패방지가 아직까지 '적발'에 치중하고 있기 때문이다. 달리 말하면 부패방지의 방법을 비윤리적인 개인을 제거하는 데에서 찾기 때문이다. 법이나 규정을 위반한 사람들이 유일하게 모든 것을 다 털어놓는 상대가 변호사다. 10년 이상 이러한 사람들을 접한 우리의 경험에 비추어보면, 부패는 절대 '적발'로 막을 수 없다. 비윤리적인 개인에게서 원인을 찾으면 부패는 영원히 막을 수 없다.

기업 부패를 막고 싶다면 부패한 개인을 탓하지 말고 부패를 만든 시스템을 고쳐라. 이것이 이 책의 핵심 주장 중 하나다. 부패는 개인의 윤리 문제가 아니라 상시 보편적으로 작동해야 하는 시스템의 문제다. 이것이 우리가 부패방지의 문제를 윤리경영이라고 부르지 않는 또 하나의 이유다.

지금 이 순간 당신의 기업에는 부패행위가 발생하고 있는가? 있다.

그 부패행위가 당신의 기업에 치명적인 피해를 줄 우려가 있는가? 당신은 모른다. 그것이 어떠한 부패행위인지 찾아내기 전까지 당신은 모른다. 그러기에 찾아내고 진단해야 한다.

이러한 부패행위가 발생할 확률은 얼마나 되는가? 우리의 경험에 비추어보면 적어도 당신이 운전 중에 교통사고로 심각한 상해를 입을 위험보다는 높다. 당신은 이러한 교통사고에 대비하여 안전띠도 매고 전방도 주시하고 휴대폰도 안 쓰고 각종 보험에도 가입했다. 그렇다면 당신은 기업의 부패 문제에 대해서는 어떠한 노력을 했는가?

우리는 윤리적인 사람을 그 자리에 앉히거나 그 자리에 앉은 사람이 윤리적일 것을 요구하는 것에 앞서서 누가 그 자리에 앉더라도 부패행위를 할 수 없도록 만들어야 한다. 설사 부패행위가 발생하더라도 적발될 가능성을 극대화하는 방안을 찾아야 한다.

우리나라의 기업 경영자들은 부패행위를 '일어나서는 안 되는 일'로 생각한다. 그러나 현실에서는 이러한 경영자들의 생각과 달리 부패행위가 여전히 일어난다. 역설적으로 부패방지의 첫걸음은 부패행위를 '일어나서는 안 되는 일'로 생각하는 것에서 벗어나 '일어나는 일'로 인식하는 데에 있다. '일어나는 일'이기에 이를 막을 수 있는 시스템이 필요하다. '일어나는 일'이기에 빠른 시간 내에 적발해낼 수 있는 감시장치가 필요하다. '일어나는 일'이기에 그 피해를 최소화하는 대응전략을 미리 갖추어야 한다.

부패한 기업인을 "경제발전과 국민화합의 차원에서" 광복절 대사면에 포함시키는 관행이 타당한 것인지 논의하는 것은 분명히 중요한 일이다. 하지만 그것은 이러한 부패방지 시스템 확립의 한 부분이지 전부가 되어서는 안 된다.

기업 부패 문제를 비윤리적 개인의 문제가 아니라 부패방지 시스템의 문제로 이해하는 것은 국제적 반부패 압력의 의도를 읽고 대응하고 그 속에서 생존하는 데 중요한 단서가 된다.

왜 그럴까? 우리는 앞에서 한 기업이 부패했다는 사실과 부패한 기업으로 '평가'된다는 사실은 다른 것이고 반부패 압력 속에서 낙오되는 기업은 부패한 기업으로 '평가'되는 기업이라고 말했다. 우리나라 기업들은 이러한 반부패 압력에 대한 대응을 이야기하면 기업 부패 사례가 터지지 않도록 하거나 이러한 개인을 엄단하는 데 모든 노력을 집중한다. 물론 부패행위를 억제하고 적발하는 것은 반부패의 압력을 이겨내기 위해 꼭 필요하다.

하지만 잠시 생각해보자. 한국의 삼성전자와 미국의 애플은 국제 사회에서 경쟁자다. 이 둘 중에 어느 회사가 더 윤리적인가? 우리는 모른다. 삼성전자가 무대 뒤에서 무슨 일을 하는지도 모르고, 애플 역시 무대 뒤에서 무슨 일을 하는지 모른다. 우리가 보는 이 회사들의 모습 대부분은 언론을 통해 살짝 들추어지거나 경우에 따라서는 보여주기 위해서 만들어놓은 미미한 일부에 불과하다. 이번에는 질문을 바꾸어보자. 삼성전자와 애플 중 어느 회사가 보다 윤리적인 기업으로 평가받고 있는가?

앞에서 살펴본 지멘스의 예를 보자. 지멘스는 불과 7년 전에 세계 각지에서 해당 국가의 공무원들에게 뇌물을 살포했다. 회사의 최고경영진까지 이에 깊게 관여되어 있었다. 하지만 지금은 대표적인 반부패 기업으로 '평가'되고 있다.

국제 반부패기구들이 기업이나 국가의 부패 수준을 평가할 때 실제로 발생해서 확인된 부패 사례만 보지 않는다. 한 직원 혹은 경영진이 은폐한 기업 부패는 드러난 것보다 많을 수 있다. 또 후진국의 경우 부패의 정도가 심각할수록 자국의 수사기관이나 사법기관까지 부패에 얽혀 있는 경우가 많아서 실제 적발되는 부패 사건은 적을 수 있다. 따라서 겉으로 드러나 확인된 부패 사례만을 기준으로 기업의 부패 수준을 평가하는 것은 올바른 평가라고 볼 수 없다. 국제 반부패기구들이 '평가'에 있어서 더 중요하게 생각하는 것은 기업이나 국가가 부패행위를 방지하기 위해 얼마나 체계적이고 실효성 있는 시스템을 갖추고 있느냐, 실제로 이러한 시스템이 제대로 작동되도록 하기 위해 어떠한 노력을 기울이고 있느냐, 그리고 부패 사건이 발생했을 때 이에 어떻게 대응하여 재발을 방지하는 책임 있는 모습을 보이느냐 하는 것이다.

앞에서 본 지멘스의 경우를 보자. 2006년 당시 지멘스는 경영진이 깊이 관여한 전 세계적 뇌물제공행위로 더 이상 수습이 불가능할 정도로 보였다. 그러나 지멘스는 관계 당국의 조사에 적극적으로 협조하고 자체적으로 다른 불법행위를 조사하여 독일과 미국에서 소송 절차를 조기에 종결시켰다. 그리고 그 과정에서 2년에 걸쳐 이러한 사태의 재발을 효과적으로 방지할 수 있는 종합적 준법 프로그램을 개발하여 시행하고 이러한 노력을 관계 당국에 적극적으로 알렸다. 이러한 지멘스의 준법 프로그램은 "양심과 준법 문화는 위로부터 시작된다"는 모토로 시작되는 경영자의 반부패 의지에서 출발하여 행동강령의 간소화, 준법 정보에 관한 접근성 향상, 준법 직원에 대한 인센티브 지급, 외부업체에 위탁하여 익명성을 보호한 핫라인 설치, 부패행위 신고 직원에 대한 사면, 지속적인 개선으로 이어지는 포괄적인 프로그램이다. 지멘스는 이후 5년이 지난 2011년 미국 투자전문지 《배런스(Barron's)》가 선정한 존경받는 세계 100대 기업(Barron's most-respected company) 21위로 유럽 기업 중 선두 지위를 회복한다.

미국의 대표기업들이 우리나라의 대표기업들보다 더 윤리적이라고 단언할 수는 없다. 그것은 알 수 없다. 아마 영원히 모를 것이다. 그러나 그들이 우리보다 뛰어난 것은 기업의 부패방지 의지와 노력을 보여주고 있고, 제대로 평가받기 위해 어떠한 시스템을 사전에 갖추어야 하고 그러한 시스템이 효과적으로 작동하고 있음을 보여주기 위해 어떠한 일들을 해야 하며, 부패 사건이 발생한 경우 어떤 사후 조치들을 취해야 하는지 잘 알고 있다는 점이다. 그들은 오랜 기간 동안 이러한 당국과 소비자들의 감시 속에서 경쟁해왔고 그 과정에서 이러한 문화와 시스템을 정착시켜왔다.

반면 우리 기업들은 부패 문제 자체에만 집중해왔지 이를 부패 수준의 평가 측면에서 생각해본 적이 없다. 또 세계 10위권의 경제대국이지만 아직까지 기업들의 부패 수준을 체계적이고 지속적으로 평가하고 공유하는 제대로 된 기구조차 없다.

기업들 역시 기업 활동에 있어서 부패 문제를 언제나 상존하는 위험요소로 보고 관리하는 것이 아니라 일벌백계의 적발 대상으로만 생각하다 보니 부패 사건이 발생하면 서둘러 덮고 무마시키기에 바빴다. 말로는 세계 초일류기업을 외치지만, 생각의 깊이는 나라 밖을 벗어나지 못하고 있는 것이다. 이러한 부패 사건이 국제 적으로 어떻게 평가될 것이고 이에 대한 회사의 노력이 제대로 평 가받기 위해서 어떤 조치들이 수반되어야 하는지 진지하고 깊이 있게 연구하지 않았다.

다시 앞에서 언급한 국제기구와 언론들의 우리나라 부패 문제 에 대한 생각들을 들여다보자. 그들이 우리나라의 반부패지수를 낮게 평가하는 사유로 들고 있는 내용을 눈여겨보면 하나같이 뇌 물, 탈세, 배임, 횡령과 같은 부패행위 자체가 아니다. 그들이 우리 나라와 우리 기업들의 반부패지수를 낮게 평가하는 것은 내부고 발자보호 장치가 미흡하고 독립적인 부패방지기구가 없으며 정보 접근이 제한적인 우리나라와 기업들의 시스템 때문이다. 또 부패 사건이 터진 이후에도 문제의 경영진이 그대로 유지되니 당연히 달라지는 조치는 아무것도 없고 또다시 같은 사건이 발생하리라 는 생각 때문이다.

이처럼 국제 사회는 우리나라의 부패방지 시스템과 그 실효성, 그리고 부패 사례에 대한 사후 조치를 지적하는데, 우리는 부패 사 고만 막겠다고 일벌백계를 내세우며 매달린다. 상대는 머리와 다 리를 공격해오는데, 우리는 몸통만 막겠다고 덤벼드는 꼴이다. 문제에 대한 인식과 대응이 이렇다 보니 아무리 비용과 노력을 투자하고 직원들을 들볶아도 여전히 우리나라의 반부패지수는 40위권이다. 그러고서는 우리나 저들이나 크게 다르지 않는데 국제 사회가 문화적 편견에 사로잡혀 편파적인 평가를 하고 있다고 불만만 늘어놓고 있다.

그러는 사이 국제 사회의 적극적인 지지와 미국 기업들의 탄탄한 지원을 받고 있는 반부패의 칼날은 우리나라 기업들의 아킬레스건을 향해 다가오고 있다. 이제 세계 시장은 반부패 평가에 대한 경험과 노하우로 무장한 세계 기업들의 손아귀에서 새롭게 재편되어가고 있다.

제2장

부패 경제 분석

부패는 기업 환경에 있어서 최악의 고정 비용이다. 반부패 문화가 정착되지 않은 나라의 기업들은 반부패 문화가 정착된 다른 나라의 경쟁 회사보다 20퍼센트 이상의 비용을 더 지출하면서 세계 시장에서 경쟁을 해야 한다.

과거 우리나라 기업들에게 부패는 경쟁 요소였지만, 이제는 걷어차야 최소한 생존이라도 할 수 있는 장애 요소가 되어버렸다. 삼성이 이러한 기업 부패의 경제 논리를 이해하지 못하고 여전히 '받는 뇌물'은 안 되지만 '주는 뇌물'은 괜찮다는 논리를 붙들고 있는 한, 삼성은 절대 초일류기업이 될 수 없다.

01

부패의 적발확률

1. 부패의 투자수익률

1장에서는 부패방지가 선택의 문제가 아니라 변화하는 세계 경영 환경에서 살아남기 위한 조건의 문제이고 이를 해결하기 위해서는 개인의 윤리성에 의존하거나 비윤리적인 개인을 처벌하는 것에 의존해서는 안 된다는 점을 이야기했다.

그러면 기업들은 어떠한 환경에서 부패의 유혹에 쉽게 빠질까? 노벨 경제학상 수상자인 미국 시카고 대학교의 게리 베커(Gary Becker) 교수는 부패 범죄로부터 얻는 기대(期待)이익이 기대비용을 능가하면 부패가 발생한다고 설명한다. 부패의 기대비용은 적발확률에 적발로 인한 피해를 곱한 값과 부패행위 자체의 비용을 더한 값이다.

2장에서는 부패 3형제 중 주는 뇌물의 기대이익과 기대비용에 대해서 살펴보자. 예컨대 공무원에게 1억 원의 뇌물을 주는데 이러한 행위가 적발되었을 때 그 기업이 입게 되는 피해를 돈으로 환산하면 1억 원이고 그 행위가 적발될 확률이 10퍼센트라면 기대비용은 1억 원의 적발피해와 10퍼센트의 적발확률을 곱한 1,000만 원을 더한 값으로 총 1억1,000만 원이 된다. 반대로 말하면 기업들이 뇌물을 주는 행위를 할지 말지 정할 때 (기업 윤리나 기업의 사회적 책임 또는 기업의 영속성과 같은 측면을 따지기 전에) 적어도 순수하게 경제학적인 관점에서 본다면 주는 뇌물의 기대이익, 즉 뇌물을 받은 사람이 기업을 위해서 힘써줄 수 있는 영향력의 경제적 가치와 주는 뇌물의 기대비용을 따져보는 것이 (경제적인 측면에서는) 합리적이다.

기업들은 투자를 결정할 때나 비용을 지출할 때 투자수익률 (Return On Investment)을 따져본다. 투자수익률이란 경영 성과를 종합적으로 측정하는 데 이용되는 가장 대표적인 재무비율로, 순이익을 총 투자액으로 나누어 산출한다. 쉽게 생각하면 위에서 우리가 본 기대이익과 기대비용을 비교하는 것이다. 우리나라 기업들은 흔히 뇌물도 투자라고 말한다. 그런데 정작 투자를 할 때에는 투자수익률을 꼼꼼히 따져보면서 스스로 투자라고 말하는 뇌물을 줄 때에는 투자수익률을 제대로 따져보지 않는다. 더욱 중요한 것은 10년 전에 우리가 반도체 산업에 1억 원을 투자해서 10억 원을 얻었다고 지금도 반도체 산업에 1억 원을 투자하면 10억 원을 얻을 수 있는 것이 아니듯이, 주는 뇌물 역시 우리가 과거 1억 원의 뇌물을 줘서 10억 원의 순이익을 얻었다고 해서 지금도 그리고 앞으로도 1억 원의 뇌물을 주면 10억 원의 순이익을 얻을 수 있을 것이라고 생각하는 것은 명백히 오류라는 점이다. 우리는 2장에서 기업의 부패 투자수익률을 결정하는 환경변수가 과거와 비교하여 어떻게 변화하고 있는지도 살펴볼 것이다.

정리해보자. 주는 뇌물의 비용 측면은 ①적발확률과 ②적발피해, 그리고 ③뇌물을 주는 데 드는 비용으로 구성된다. 주는 뇌물의 이익 측면은 뇌물을 받은 사람이 뇌물의 대가로 힘써줄 수 있는 ④영향력의 경제적 가치다.

주는 뇌물의 적발확률을 변화시키는 중요한 변수로 최근에 등장한 것이 내부고발자다. 내부고발자란 조직 내부 혹은 외부의 부정거래나 불법행위 등에 대한 정보를 신고하고 공개하는 사람을 말한다.

2. 새로운 직업, 내부고발자

적은 내부에 있다

최근 들어, 주는 뇌물의 비용 요소로서 적발확률을 획기적으로 높이고 있는 것, 그리고 더욱 이를 높여갈 요소 중 하나가 내부고발자다. 내부고발자는 영어로 딥 스로트(Deep Throat)라고 불리기도 한다. 딥 스로트는 워터게이트 사건(Watergate Affair)의 내부고발자 암호명으로, 사건 후에 고유명사처럼 사용되기 시작했다. 과거에는 내부고발이 조직 구성원 또는 기업 직원들의 고발만을 의미했지만, 최근에는 거래업체, 자문인과 같이 기업과 경제적 이해관계를 같이하는 사람들이 제3자는 알기 어려운 해당 기업의 위법행위를 대외적으로 신고하는 행위까지 포함하는 것으로 그 의미가 확대되고 있다.

미국의 공인부정감사인협회(Association of Certified Fraud Examiners)의 업무상 부정과 권한 남용에 관한 보고서(Report to the Nations on Occupational Fraud and Abuse – 2010 Global Fraud Study, http://www.acfe.com/rttn/rttn-2010.pdf)에 따르면, 기업 부정 사건 중 40.2퍼센트는 제보로 적발되고, 이러한 제보 중 49.2퍼센트는 회사 직원에 의해 이루어진다. 경쟁사에 의한 제보는 2.5퍼센트에 불과하다.

2002년 일본에서는 유제품 시장의 80퍼센트를 장악하며 매출 10조 원을 올리던 거대기업 유키지루시(雪印) 식품이 호주산 쇠고기를 국내산으로 생산지를 위장한 사실이 거래업체의 내부고발로 알려지면서 상장폐지되고 결국 문을 닫았다. 1925년에 설립된 유키지루시 식품은 당시 108개 자회사를 거느린 일본의 대표적인 기업이었다. 당시 이 회사는 이 사건이 직원 개인의 비리행위에서 비롯되었고 경영진은 관여하지 않았다고 책임을 미루다가 일본 전역에서 불매운동이 일어났다.

2005년에는 세계 최대 제약회사인 화이자(Pfizer)가 계열사인 파마시아(Pharmacia)의 성장장애 치료약 제노 트로핀이라는 제품을 노화방지제로 둔갑시켜 팔도록 판촉 활동을 벌이는가 하면, 이 약의 성분이 심장병과 고혈압을 유발한다는 내부보고를 무시했다는 사실이 내부고발자에 의해 공개되었다.

2006년 10월 오라클(Oracle)은 연방정부에 소프트웨어를 공급하면서 값을 높게 받아왔다는 사실이 전직 직원의 제보로 밝혀져 약 1,000억 원의 벌금을 부과받았고, 이 전직 직원은 내부고발자 보상 규정에 따라 약 200억 원의 보상금을 받았다.

대외적으로 알려진 경우도 있고 그렇지 않은 경우도 있지만, 이미 2000년 이후 우리나라의 굵직한 기업 형사사건에는 대부분 내부고발자가 관여되어 있다.

우리나라의 경우에는 1990년 보안사의 민간인 불법 사찰 기록을 공개했던 윤석양 이병, 감사원과 재벌의 유착 비리를 고발했던 이문옥 감사관, 1992년 군 부재자 투표의 부정을 고발한 이지문 중위, 14대 국회의원 선거에서 여당이 단체장을 통해 선거에 개입했다는 의혹을 제기한 한준수 연기군수, 2000년 인천국제공항터미널 부실시공을 폭로한 정태원 감리원 사건들이 내부고발의 대표적인 사례로 알려져 있다.

2003년 SK그룹의 1조5,000억 원대 분식회계 사건, 2005년 두산그룹의 수천억 원대 비자금 조성 사건, 2006년 현대자동차의 1,200억 원대 비자금 조성 사건, 2007년 삼성의 김용철 변호사 사건, 2010년 태광그룹의 1조 원대 비자금 조성 사건들이 세상에 알려지는 데 모두 내부고발이 관여되어 있었다.

사회적 지지를 받는 내부고발자

기술의 발달, 기업 조직의 비대화, 기업 내 협업의 증가는 직원 개인이 회사 내부의 정보에 광범위하게 접근하고 이에 관한 입증 자료를 손쉽게 확보할 수 있는 기회를 획기적으로 증대시켰다. 과거에는 임직원 몇 명이 모여 위법행위를 계획하고 승인하고 시행하는 것이 가능했다. 이 과정에서 만든 자료들을 소각하면 위법행위를 의심하더라도 이를 입증하기는 어려웠다.

그러나 지금의 기업 환경은 과거와 달라져서 기업 내에서 이루어지는 행위 하나하나가 각 부서의 역할별로 세분화되어 이루어지기 때문에 회사의 자금을 한번 옮기는 데도 수없이 많은 사람들이 관여하지 않을 수 없다. 한번 회사에 입사하면 평생을 같은 직장에 머물던 과거와 달리, 한 산업 분야 내에서, 또는 서로 다른 산업 분야로 개인의 이직이 수시로 이루어지는 환경에서는 이러한 관여자가 더욱 확대된다. 과거에는 10년 동안 공무원에게 뇌물을 주더라도 한 부서 내 3명의 직원들만 통제하면 되었지만, 지금은 3개 부서에서 부서별로 적어도 3명이 관여해야 하고 이들 9명의 직원들마저 3년에 한 번씩 바뀌니 대략 27명이 관여하게 되는 셈이다.

위법행위의 입증 자료 면에서도 지금의 기업 환경은 서버에서 자료가 공유되고 이메일로 끝없이 전달되고 있다. 회사에서는 이제 회사 내에서 어떠한 자료가 만들어지고 전달되고 저장되는지조차 정확하게 파악하기 어렵다. 자료의 작성과 편집과 저장이 기술적으로 용이해지면서 개인이 만들어내는 자료의 수 역시 폭발적으로 증가하여 이제 나 자신조차 내가 3년 전에 어떠한 서류를 만들어 저장했는지 기억하기 어렵다. 이제는 아무리 극비문서임을 강조하며 한 사람에게 보낸 자료라도 다른 사람에게 전달되고 전달되어 누군가의 저장장치에 어떻게 남아 있게 될지 알 수 없다.

또 한편으로 부패의 기술이 나날이 고도화되어감에 따라 내부고발자를 적극적으로 보호하고 혜택을 줘야 부패행위를 적발해낼 수 있다는 인식이 확고하게 자리를 잡고 있다. 또 부패를 적발하고 이로 인한 더 큰 사회적 비용을 감소하기 위해 설사 부패에 직접 관여한 자라도 부패를 고발하고 증거를 제공하면 면책의 혜택을 주는 방안을 적극 고려해야 한다는 인식이 확산되고 있다. 미국은 이미 내부고발자에 대한 보호를 입법화하고 이를 다른 국가로 확산시키는 작업을 진행하고 있다.

미국 기업들은 기업의 내부 부정을 기업 내 보고체계를 거치지 않고 바로 신고할 수 있는 핫라인을 두는 것을 상식으로 받아들이고 있고, 이러한 핫라인을 통해 들어온 고발을 기업 내에서 처리하지 않고 외부의 제3자에게 맡기는 것을 자랑으로 여기는 — 또는 자랑으로 여겨야 하는 — 실정이다.

2002년 미국 《타임(Time)》지는 9·11 테러 직전 수사 요청을 묵살한 FBI와 엔론 및 월드컴(WorldCom)의 회계 부정을 고발한 내부고발자들을 "The Whistleblowers"라는 제목하에 올해의 인물로 선정함으로써 내부고발자 전성시대의 서막을 알렸다. 당시 전 엔론

부사장 셰론 왓킨스(Sherron Watkins)의 8장짜리 편지는 의회와 법무부, 증권거래위원회 등의 조사반이 엔론 사태의 실체를 규명하는 데 결정적인 정보를 제공했다. 월드컴의 38억 달러 회계 부정 사건 역시 내부 감사역인 신시아 쿠퍼(Cynthia Cooper)의 고발을 통해서 수면 위로 드러났다. 이를 계기로 2002년 미국의 대표적인 내부고발자 보호법인 사베인스-옥슬리(Sarbannes-Oxley)법이 제정·시행되었다. 내부고발로 인해 법적인 피해를 받지 않도록 해야 한다는 원칙을 규정한 사베인스-옥슬리법의 정신은 이후 개별 법률에 의해 내부고발자에게 경제적인 보상을 하는 흐름으로 발전해간다. 우리나라에서는 공익신고자보호법과 담합자진신고자처벌감면제도가 대표적이다. 이것들에 관해서는 뒤에서 자세히 살펴볼 것이다.

저한테 이러시면 안 될 텐데요

기업의 부패 문제 — 주로 부패 3형제의 첫째인 빼돌린 돈과 둘째인 받는 뇌물 — 를 해결하는 업무를 수행하다 보면 이 과정에서 최근 들어 거의 예외 없이 부딪히는 문제가 내부고발자 문제다. 기업들은 이러한 문제에 부딪히면 일단 여러 가지 방법을 동원해 사건을 덮으려고 하기 때문에 외부에는 많이 알려지지 않고 있지만, 현장에서 직접 부딪치는 부패방지 전문 변호사들이 경험하는 사례는 알려진 것보다 훨씬 더 많다.

이러한 경험은 삼성이 이미 김용철 변호사 사건에서 뼈저리게 겪었다.

삼성그룹이 계열사 임원 명의의 차명계좌 1,000여 개를 이용해 최대 수조 원대로 추정되는 비자금을 운용해왔다는 주장이 제기됐다.

천주교 정의구현사제단(대표 함세웅 신부)은 29일 오전 서울 동대문구 제기동 성당에서 기자회견을 열고 "삼성그룹 전직 법무팀장으로서 3년 전 퇴직한 김용철(49 · 사시 25회) 변호사 명의의 계좌에 본인도 모르는 50억 원대 현금과 주식이 들어 있었다"고 전제한 뒤 "이처럼 비자금 조성에 이용되고 있는 삼성 임직원 명의의 차명계좌가 1,000여 개에 이른다고 김 변호사가 증언하고 있다"며 삼성 비자금에 대한 검찰 수사를 촉구했다. 사제단 측은 이어 50억 원대 계좌 외에도 2004년 잔액 확인 당시 26억 원 상당의 삼성전자 주식이 예치된 계좌, 지난 8월 신규 개설돼 17억 원이 입금됐다가 다음날 인출된 계좌 등 김 변호사 명의의 차명계좌 4개가 발견됐다고 밝혔다.

김 변호사는 28일 정의구현사제단 측에 이 같은 '양심고백'을 한 것으로 알려졌으나 이날 기자회견에는 불참했다. 김 변호사는 이날 기자와의 전화 통화에서 "어떤 계좌인지도 모르는 내 명의의 통장에 지난 3년간 이자만

1년간 1억8,000여 만 원씩 쌓였다"며 "통장이나 도장도 없는 데다 삼성 측에서 내 세무사와 연락해 세금 납부 등을 처리해서 나는 최근까지도 비자금의 실체를 몰랐다"고 주장했다.

1989년 검사로 임관한 김 변호사는 서울중앙지검 특수부 등을 거쳐 97년 삼성 회장 비서실 소속 법무팀 이사로 자리를 옮겼다. 그는 삼성그룹 구조조정본부 재무팀, 법무팀을 거쳐 2002~2004년 전무급 법무팀장을 맡아왔다.

<문화일보> 2007. 10. 29.

법률적으로 어떠한 판단이 내려지던 간에 김 변호사의 책『삼성을 생각한다』는 전국의 각 서점에서 오랫동안 베스트셀러 목록에서 내려올 줄을 몰랐다.

우리가 목격한 또 다른 사례로는 기업의 자금부 부장이 거액의 회사 자금을 유용하여 개인 투자 목적으로 썼다가 탕진하고 적발되자, 기업 부회장의 비리 사실과 증거 자료를 들이대며 해당 기업을 수년간 협박한 경우도 있다. 외형적으로 자금부 부장은 형사고소를 당했지만, 해당 기업은 소송 내내 피고인이 된 부장의 눈치를 보지 않을 수 없었다. 고소인이 피고인의 눈치를 보아야 하니 당연히 처벌도 제대로 이루어질 수 없었다.

우리가 목격한 사례 중에서 섬뜩한 사례로는 기업의 전산부장이 내부고발자로 돌변한 사건이다. 그는 기업 회장이 회사 자금으로 고위 공직자 자녀의 해외유학자금을 대준 사실을 입증해줄 이메일까지 백업해 가지고 있었고, 이사회에서 논의한 내용들을 전부 녹음 파일로 보관하고 있었다.

3. 내부고발을 보상하는 사회

내부고발자에게 경제적 보상을 주는 움직임은 내부고발자의 사회적 지위를 변화시키는 데 중요한 역할을 하고 있다.

우리나라도 이미 담합을 자진 신고하는 자에게 수천억 원의 담합과징금을 감면해주는 제도가 법제화되어 있다. 이러한 담합자진신고자처벌감면제도를 리니언시(leniency) 제도라고 부른다. 이제도는 1997년에 우리나라 공정거래법에 도입되었지만, 처벌 감면 여부를 공정거래위원회의 재량 사항으로 규정하여 거의 활용되지 않다가 2005년 일정한 요건에 해당하면 반드시 감면을 받을수 있도록 하면서 활성화되기 시작했다. 미국에서는 담합의 적발중 90퍼센트 이상이 이러한 자진신고에 의해 이루어지고 있다.

2005년 법 개정 당시 공정거래위원회는 담합 적발률을 높이기 위해서는 담합자진신고자처벌감면제도가 필수적이고 자진신고자 처벌감면에 대한 신뢰도가 높아지면 담합에 참여한 회사들이 서로를 신뢰할 수 없게 되므로 카르텔 형성을 사전에 차단하거나 사후에 와해시키는 효과를 거둘 수 있다고 밝힌 바 있다. 결국 내부고발이 부패행위의 적발률을 획기적으로 높일 수 있다고 판단한 것이다.

쉽게 말하면, 몇 년간 매주 한자리에 모여서 우리 서로 출혈경쟁 하지 말자고 도원의 결의를 하고 가격표도 함께 짰는데, 이 중 한 명이 어느 날 갑자기 조사기관에 찾아가서 "저랑 얘네들 담합했어요" 하는 것이다. 그러면 처벌은 "얘네들"만 받고 신고한 회사는 대부분의 경우 1,000억 원대의 과징금이 부과되는 담합 사건에서 아예 처벌을 안 받았을 수도 있다. 정말 세상에 믿을 놈 없다. 1,000억이라는 금액이 어느 정도의 금액인지 가늠하기 위해 비교해보자면 대략 대한항공의 연간 순이익에 맞먹는 금액이다(대한항공은 2011년 2분기에 337억 원의 당기순이익을 얻었다).

담합자진신고자처벌감면제도는 우리나라 법제사(法制史)에서 중요한 의미가 있는 제도다. 근대법은 역사적으로 독일을 중심으로 한 대륙법계와 영미법계로 양분되어왔다. 두 법체계는 지리적인 차이뿐 아니라 법철학적으로 서로 다른 사고체계를 기초로 발전해왔다. 우리나라는 대륙법계의 전통을 이어받았다.

대륙법계는 국가 형벌권의 행사를 정의의 실현이라는 관점에서 바라본다. 그리고 인간의 이성의 힘으로 이러한 정의를 실현시킬 수 있다는 믿음이 강하다. 이러한 정의의 실현은 거래의 대상이 될 수 없고 그에 수반되는 비용과 맞바꿀 수 없다. 그래서 아무리 그로 인한 사회적 이익이 크다 하더라도 국가가 범죄자와 타협한다는 것은 생각하기 힘들다.

반면, 영미법계는 이런 점에서 보다 현실적이라고 볼 수 있다. 국가의 수사 능력과 이를 위해 들여야 하는 사회적 자원은 한정되어 있다. 이러한 현실적 한계 속에서 제한된 자원을 가장 효율적으로 사용할 수 있는 길을 선택한다. 수사기관이 객관적인 증거로 모두 입증하기 어려운 범죄행위를 효율적으로 통제하기 위해서는 검사가 피고인과도 거래를 한다. 우리나라에서는 볼 수 없는 검사와 피고인 간의 합의다.

대륙법계의 전통을 이어받은 우리나라에서 법률로 담합한 범죄자에게 담합자진신고를 이유로 처벌을 감면해주는 것은 이러한 점에서 중요한 변화다. 지금은 담합에 한정되어 있지만, 한번 터진 물꼬는 국가가 알기 어려운 기업 범죄 전반에까지 확대되어나갈 것이다. 인간의 이기심 때문에 저지른 범죄행위를 또 다른 의미의 이기심에 의해 통제하기 시작한 것이다.

이제 더 이상 "우리끼리니까"는 없다.

공정위는 지난 2007년 설탕 출고량과 가격을 담합, 부당이득을 올린 CJ 제일제당과 삼양사, 대한제당 등 3개 업체를 적발해 이들이 1991년부터 2005년까지 15년간 설탕값을 담합해온 것을 밝혀냈다. 특히 내수 시장 점유율에서 CJ는 48.1퍼센트, 삼양사 32.4퍼센트, 대한제당 19.5퍼센트를 기록해 사실상 담합의 주도는 CJ가 해온 것으로 드러났다.

공정위는 이들 3사에 과징금 511억3,300만 원을 부과하고 대한제당과 삼양사를 검찰에 고발했다. 하지만 이는 표면적인 수치로 조사 과정에서 담합 사실을 자진신고하고 공정위 조사에 협력한 CJ에 대해 공정위는 리니언시 제도를 적용, 고발과 함께 과징금 전액을 면제했다. 반면, 공정위에 의해 고발된 삼양사와 대한제당에는 공정위의 막대한 과징금 외에도 각각 1억5,000만 원과 1억2,000만 원의 벌금형이 확정된 상태다.

《경제투데이》 2011. 8. 3.

개인이 기업 간의 이러한 담합행위를 신고하면 10억 원까지 포상금을 지급받을 수 있다. 최근에는 이를 20억 원으로 상향 조정했다. 대기업 계열사들 간에 빈번하게 발생하는 부당지원행위를 신고하는 경우에도 1억 원의 포상금을 지급하던 것을 10억 원으로 증액했다.

최근에는 의약품 거래에 관한 리베이트를 신고하는 자에게 억대의 포상금을 지급하는 제도도 시행되었다. 법 시행 직후부터 신고 건수가 폭주하여 검찰, 국세청, 보건복지부, 공정거래위원회까지 동원된 조사단이 이를 다 처리할 수 없는 상태라고 한다.

2011년에 들어 공정거래위원회가 이와 같이 기업들의 위법행위에 대한 신고 포상금을 대폭 상향한 것은 우리나라에서 내부고발자에 대한 보호와 경제적 보상 증액을 통한 동기 부여가 지속적으로 강화될 것임을 보여주는 중요한 변화다. 이번 조치에 대해 공정거래위원회가 밝힌 입장을 살펴보면 이러한 변화의 움직임을 정확하게 알 수 있다.

공정거래위원회는 공정거래법 위반행위 신고 포상금의 지급한도액을 최고 10배까지 상향 조정하는 내용으로 '공정거래법 위반행위신고자에 대한 포상금 지급에 관한 규정'을 개정해 5월 18일(수)부터 시행할 예정이다.

담합 및 부당지원행위는 내부제보자의 신고 유도를 강화하기 위해 지급한도를 다른 행위 유형보다 높게 설정할 계획이다. 담합은 심각한 소비자 피해를 유발하며 부당지원행위는 기업의 공정한 경쟁 기반을 훼손하는 측면이 높은 반면, 내부 임직원이 아니면 정보 획득이 어렵기 때문에 신고 포상금을 활용한 사건 적발이 효과적이라고 본다. 또한, 지급 구간과 지급 기준율을 통일·상향하되 담합과 부당지원행위에 대해서는 다른 행위 유형보다 높은 지급률을 설정할 계획이다.

공정위는 이번 개정으로 내부 임직원 등에 의한 신고활성화가 촉진되어 담합행위, 대기업 집단의 부당지원행위 등의 적발 가능성이 높아질 것으로 기대하고 있다. 또한 신고 활성화로 민간자율감시 기능이 강화됨으로써 기업의 위법행위를 사전 예방하는 효과도 클 것으로 보인다.

아울러 공정위는 신고포상금제도를 지속적으로 홍보하여 기업의 불공정거래행위에 대한 신고 유도를 적극적으로 추진해나갈 예정이다.

공정거래위원회 2011. 5. 18.

2011년부터 시행된 우리나라의 공익신고자보호법 역시 내부 고발자에 대한 사회적 지지를 보여준다. 정부는 2011년 3월 공익신고자보호법을 공표하면서 제정 이유를 이렇게 밝혔다.

복잡다단한 행정 현실 속에서 행정기관의 조사 능력만으로 사회 곳곳에서 발생하는 공익침해행위를 적발·단속하기가 점점 어려워지고 있는 점을 고려하여 공익침해행위를 신고하는 자와 그 협조자를 보호함으로써 공익신고의 활성화를 도모하고, 궁극적으로 국민 생활의 안정과 깨끗한 사회 풍토의 확립에 이바지하려는 것이다.

이 법은 앞으로 '민간' 기업에서의 내부고발자를 국가 차원에서 법으로 보호한다는 점에서 의미가 크다. 이 법에 따르면,

공익신고자의 인적사항이나 그가 공익신고자임을 미루어 알 수 있는 사실을 공개 또는 보도하지 못하고, 공익신고를 방해하거나 취소하도록 강요하면 1년 이하의 징역에, 공익신고를 이유로 해고 등 신분상의 불이익 조치를 하면 2년 이하의 징역에까지 처할 수 있고 공익신고로 회사에 벌금이나 과징금 등이 부과되어 국가가 수익을 얻으면 신고자에게 보상금을 지급한다.

미국의 경우 내부고발자를 보호하는 연방정부 법률이 47개에 달한다. 그 중 12개가 최근 10년 사이에 제정되었다. 내부고발자는 적발 기업이 합의한 벌금의 20퍼센트 내외의 금액을 포상금으로 받는다. 2010년 제정된 금융개혁법에서는 이러한 포상금 지급 비율을 회수금액의 30퍼센트까지 올렸다.

2010년 유럽계 한 제약회사는 오염된 아기연고의 문제점을 알

고도 이를 판매한 혐의로 8,000억 원에 달하는 벌금을 물게 되었고 이를 제기한 이 기업의 내부고발자는 1,000억 원에 달하는 포상금을 지급받았다.

그동안 기업의 내부고발자는 이리저리 불려 다니면서 다른 회사에서도 내부고발 전력으로 기피대상이 될 것을 두려워해야 했지만, 포상금이 1,000억 원이라면 이제 이야기가 달라지는 것이다.

- 부패행위 신고하고 억대의 보상금을 -

국민권익위원회는 도로 공사용 토사 반입비를 허위로 청구해 32억여 원을 부당 수령한 부패행위를 신고한 A씨에게 2억9,900만여 원을 지급하는 등 부패행위 신고자 4명에게 보상금 3억8,000만여 원을 지급한다고 25일 밝혔다. 이들의 신고로 낭비됐던 예산 37억7,000만여 원이 절감됐다고 권익위는 덧붙였다.

《서울신문》 2011. 5. 26.

과거 내부고발에 관한 영화를 보면 주인공이 홀로 거대한 권력이나 기업에 맞서 외롭고 힘겹게 싸우는 모습으로 그려졌다. 그러나 이제 내부고발자들은 경제적 보상이라는 힘을 얻게 되었고 그 중 일부를 나누어줌으로써 전문가들의 호위를 받을 수 있는 지위로 변해가고 있다.

미국의 법조계에서는 최근 내부고발자를 대리하여 그들의 이익을 보호하고 내부고발로 얻을 수 있는 보상을 극대화하는 법률자문을 전문적으로 수행하는 법률사무소들이 변호사 업계에서 각광을 받고 있다. 아마존에서는 『내부고발자 핸드북(The Whistleblower's Handbook)』처럼 내부고발자가 자신의 이익을 보호하면서 성공적으로 내부고발을 할 수 있도록 돕는 매뉴얼이 베스트셀러 목록에 올라 있다. 앞으로 내부고발자들은 여론의 지지와 법률전문가들의 보호를 받으면서 기업 경영진이 통제는커녕 생각해 보지도 못한 내용과 방법으로 기업의 주는 뇌물을 세상 밖에 꺼내 놓을 것이다.

이처럼 기업의 환경은 변화하고 있고, 기업의 의사결정은 변화된 환경에 따라 새로운 분석을 요한다. 우리 기업들은 이러한 변화에서 살아남는 종(種)이 되어야 한다.

02
다시 보는 부패의 피해

1. 부패 적발의 피해 요소

우리는 부패의 비용 요소 중에서 적발확률에 관해 이야기했다. 이제 그 두 번째로 적발피해에 관해 살펴보자. 부패행위, 특히 주는 뇌물이 적발될 경우 피해 요소로는 기업과 개인의 형사 책임, 이에 대처하기 위한 조사 비용과 변호사 비용, 충성고객의 이탈, 직원과 경영진의 에너지 손실, 사업 기회 상실, 브랜드 가치 감소 등이 있다. 이 중에서 특히 직원과 경영진의 에너지 손실은 흔히 기업들이 간과하는 피해 요소인데, 현장에서 제3자의 시각으로 보고 있으면 사법기관의 조사와 이에 대한 대응으로 회사가 제대로 일을 할 수 없거나 이때 없어진 자료들로 중요한 업무에 차질이 생기는 데 따른 경제적 피해는 막대하다.

> 삼성전자의 또 다른 사업장은 14일에도 직원들을 소집해 명함철, 과거 근무 수첩, 각종 대외비 문서들을 파쇄하도록 지시했다. 이 사업장의 과장급 직원은 "우리 부서는 그룹이나 이건희 회장과 관련된 문서가 잘 오지 않는 곳인데도 모든 직원이 오후 5시부터 두 시간 동안 문서를 자르고 하드디스크를 비우느라 정신이 없었다"고 말했다.
>
> 《한겨레신문》 2008. 1. 16.

문제는 최근 들어 이러한 부패 적발의 피해 요소가 현격히 증가하고 앞으로도 더욱더 증대될 것으로 예측되어 이에 대한 새로운 평가와 비용 분석이 필요하다는 것이다. 부패 적발의 피해를 크게 만드는 것으로서 가장 중요하고 치명적인 변화는 1장에서 살펴본 국제 사회의 반부패의 칼날이다. 우리는 앞에서 세계의 경쟁 기업들이 세계 단일 시장에서 우리나라 기업들을 낙오시키는 강력한 무기로서 우리나라 기업들의 부패행위를 끊임없이 물고 늘어지고 우리나라 기업들을 부패한 기업으로 평가하고 이를 이유로 우리나라 기업들을 시장에서 몰아내고 새로운 사업 기회에서 배제시켜갈 것이라는 점에 대해 이야기했다. 여기서는 이러한 세계 경쟁 기업들의 의도에 더하여 소비자 측면에서 부패 기업의 적발 피해를 더욱 크게 만드는 소셜미디어(Social Media)와 브랜드 아이덴티티(Brand Identity) 경향에 관해 살펴보자.

2. 소셜미디어가 뒤흔드는 사회

과거에는 부패행위가 적발되더라도 주요 언론사들과의 긴밀한 유대관계를 통해 이로 인한 부정적인 여론의 확산 및 기업 신뢰성 훼손으로 인한 피해를 상대적으로 줄일 수 있었다. 수익의 상당부분을 받쳐주는 최대 광고주가 망하거나 관계가 훼손되기를 바라지 않는 언론사의 입장에서도 이러한 문제를 집요하게 물고 늘어질 열정은 없었다.

2000년을 전후하여 정보통신기술의 혁신적인 발전으로 이제 뉴욕에서 귓속말로 하는 이야기가 베이징에서도 들리는 시대가 되었다. 여기에 2010년을 전후하여 폭발적으로 증대하는 소셜미디어가 기름을 부었다. 이제는 오히려 언론사들이 소셜미디어에서 대중이 무슨 이야기를 하는지 기웃거려야 하는 상황이 되었다.

1달러 한 표의 자본주의와 1인 한 표의 민주주의가 정면으로 충돌하고 있는 것이다. 아무리 돈을 들여 관리를 해도 이리저리 실시간으로 이합집산하는 수만 명의 팔로어(follower)들을 통제할 수 없다.

우리나라는 정치적으로는 민주주의 국가고, 경제적으로는 자본주의 국가다. 민주주의와 자본주의는 흔히 공존하는 것으로 생각하지만 개념적으로 서로 충돌하는 개념이다. 자본주의 국가에서는 1달러를 가진 자에게 한 표를 부여한다. 기업 최대주주인 총수와 한 주를 들고 주주총회에 들어온 소액주주의 의결권이 같을 수 없는 것이다. 민주주의는 한 사람에게 한 표를 부여한다. 대통령을 뽑든 국회의원을 뽑든 이건희 회장도 한 표이고 나도 한 표다. 모든 사람의 재산이 모두 같아지지 않는 이상, 자본주의와 민주주의는 항상 충돌할 수밖에 없다. 그럼에도 불구하고 우리나라를 비롯한 세계의 많은 나라들이 서로 모순되는 이 두 개념을 동시에 채택하고 있다.

300년 자본주의 역사상 자본주의는 민주주의에 대해 항상 우위를 점해왔다. 민주주의는 선거에서 한 표를 잡았지만, 자본주의는 자원의 분배를 잡았기 때문이다. 자본주의가 생산자원을 장악함으로써 상위 20퍼센트의 자산가들이 하위 80퍼센트가 보고 듣고 말하는 것을 통제할 수 있었다. 하위 80퍼센트는 언론이 보여주는 모습을 통해 비로소 세상을 보고 들을 수 있었고, 이러한 언론은 상위 20퍼센트가 주주와 광고주로서 장악하고 있었다.

그런데 소셜미디어가 등장하면서 자본주의 역사상 최초로 민주주의가 자본주의를 압도하는 대전환이 이루어지고 있다. 이제 하위 80퍼센트가 자신의 눈과 귀와 입으로 세상을 보고 듣고 말할 수 있는 도구를 얻은 것이다. 이제는 오히려 하위 80퍼센트가 상위 20퍼센트를 감시하는 역학관계의 변화가 일어나고 있다.

역사상 최초로 자본주의를 능가하는 힘을 얻은 하위 80퍼센트가 상위 20퍼센트를 향해 들이대는 잣대는 무엇일까? 바로 민주주의다. 그래서 이러한 민주주의의 반대편 끝에 서 있던 부패한 독재자들이 먼저 무너졌다. 2011년에 23년간 장기 집권한 튀니지의 벤 알리(Ben Ali)와 30년간 장기 집권한 이집트의 무바라크(Mubarak)가 무너지고, 42년간 장기 집권한 리비아의 카다피(Qathafi)가 그 뒤를 이었다. 모로코, 요르단, 시리아, 사우디아라비아, 이란, 예멘, 파키스탄, 베트남, 베네수엘라, 이 9개 국가 집권세력의 추가적인 붕괴나 대대적인 변화가 예상되고 있다.

독재자들을 겨냥했던 소셜미디어는 이제 무엇을 겨냥할 것인가? 다음 순서는 바로 민주주의를 거스르는 자본주의다. 바로 자본주의의 권력집단인 거대기업들이다. 이제 하위 80퍼센트는 상위 20퍼센트가 더 많은 사회적 자원을 보유하고 있다는 이유로 자신들의 이익을 빼앗아가는 것을 더 이상 용납하려 하지 않는다. 자신의 재력을 이용해 경제적 이익과 기회를 착취하는 것, 그것이 바로 기업 부패다.

이집트의 무라바크도 튀니지의 벤 알리 전 대통령도 자국 국민들이 트위터와 페이스북에서 잡담을 늘어놓기 시작할 때 그것이 자신들에게 어떠한 비극을 가져올지 상상하지 못했다. 부패라는 마약을 끊지 못하고 있는 거대기업들이 그들의 뒤를 따를 것이다.

소셜미디어가 기업의 경영 환경에 지금까지 경험해보지 못한 중대한 변화를 가져오는 가장 큰 이유는 그들이 경제적 이해관계로 묶여 있지 않기 때문이다. 자본주의의 역사가 시작된 이래 사회적 영향력을 행사하는 모든 세력들은 어떠한 형태로든 경제적 이해관계로 연결되어 있었다. 정당도 언론도 대학도 이러한 경제적 이해관계에서 완전히 자유롭지 못했다. 심지어 NGO 단체들도 간접적인 경제적 이해관계로 연결되어 있었다. 웹 블로거들까지 파워블로거들에게 기업들의 지원이 이어지면서 경제적 이해관계의 틀 안에 있게 되었다.

그러나 최근에 등장한 소셜미디어는 자신들의 목소리를 웹상의 한 장소에 모여 냄으로써 사회적으로는 강한 세력을 형성해가고 있지만, 경제적 이해관계로 엮여 있지 않다는 점에서 기존의 다른 세력과 구별된다. 경제적 이해관계의 연결고리에서 벗어나 있다 보니 반대로 경제적인 힘으로 이를 통제할 수가 없게 된다.

이제 경제적 이해관계에서 자유로운 소셜미디어 속 대중들은 기업의 실적보다는 사회적 책임에 관심을 집중한다. 경제적 이해관계가 없는 그들에게 어느 기업이 더 많은 실적을 냈는지보다 어느 기업이 부정한 행위를 했는지가 더 중요하다. 부패는 용서받아도 무능은 용서받지 못하던 사회가 소셜미디어 시대에 접어들면서 무능은 용서받아도 부패는 용서받지 못하는 사회로 변화해가고 있는 것이다. 이제 기업들은 부패 문제에 관하여 역사상 경험해보지 못한 새로운 사회적 감시와 압력에 둘러싸여가고 있다.

3. 브랜드를 아이덴티티로 인식하는 소비자

중국이 세계의 공장으로 본격적으로 등장한 2000년대 이후 제품의 생산원가가 급격히 떨어지면서 소비자들은 자신의 경제력 범위 내에서 수백 가지 브랜드 중에 하나를 선택해야 하는 호사스러운 고민 속에서 살게 되었다. 이처럼 소비자의 선택의 폭이 크게 확대되자, 이제 브랜드는 단순히 제품의 질에 대한 보장이 아니라 하나의 문화이자 자아 정체성(identity)의 표시가 되었다. 나이키를 입고 뛰는 사람은 "just do it"의 역동성을 자신과 동일시한다. 토리 버치(Tory Burch)를 걸친 여성은 세련되면서도 합리적인 자신을 함께 표출한다.

이건희(66) 삼성 회장 일가의 비자금 조성 의혹 등을 수사하는 조준웅 특별검사팀은 차명계좌를 통해 삼성전자 등 삼성 계열사 우량주를 거래하며 양도소득세를 내지 않은 혐의(특정범죄 가중처벌법의 조세포탈)로 이 회장을 기소하기로 했다. 이 회장이 포탈한 양도세는 수천억 원에 이르는 것으로 알려졌다. 그러나 특검팀은 이 회장을 불구속 기소할 방침이라고 밝혀 '봐주기' 논란이 일고 있다.

《한겨레》 2008. 4. 14.

1일 로이터통신에 따르면 온라인 매거진 브랜드채널닷컴이 전 세계 소비자들에게 가장 큰 영향을 끼치는 브랜드로 애플이 1등을 차지했다는 설문조사를 인용해 보도했다. 이에 앞서 애플의 아이폰은 올해의 제품(《타임》지 선정)으로, 스티브 잡스 CEO는 가장 몸값이 높은 CEO로 꼽히기도 했다. 브랜드채널닷컴의 이번 조사는 다양한 국적을 가진 약 2000명의 전문가와 학생을 대상으로 6개 분야로 나눠 실시됐다. 설문응답자들은

"애플 제품이 최고의 영감을 준다"며 극찬을 아끼지 않았다.

《전자신문》 2008. 4. 2.

직업상 이미지가 중요한 나로서는 전자제품을 하나 살 때에도 다른 사람들에게 보이는 이미지를 생각하게 된다. 갤럭시S가 기술적으로 굉장히 뛰어난 제품이라는 평을 많이 접하지만 왠지 사람들 앞에 갤럭시S를 내려놓을 때 보이는 SAMSUNG 로고에 신경이 쓰인다.

위와 같은 보도를 접하다 보면 SAMSUNG이라는 로고가 결과와 이익을 위해서는 수단과 방법을 가리지 않는 사람이라는 이미지를 줄 것 같은 선입견을 갖게 된다. 반대로 사용법을 물어볼 고객센터도 없다지만 아이폰(iPhone)을 올려놓으면 창의성을 중시하는 이미지를 줄 것 같은 기대를 갖게 된다. 그래서 가격과 사양을 비교해보지도 않고 아이폰을 사서 쓰고 있다.

아이폰으로 정하면서 가장 먼저 머릿속에 떠오른 것은 내가 가는 외국의 국제공항마다 빠짐없이 들어서 있는 삼성의 대형 광고판들이다. 삼성은 전 세계 소비자들에게 좋은 이미지를 심기 위해서 그렇게 많은 비용을 들였을 텐데, 적어도 나에게 있어 그 비용은 모두 날라가버린 셈이었다.

우리나라 기업들은 오래전부터 브랜드 파워의 중요성을 인식하고 이를 위해 막대한 노력을 기울여왔다. 초 단위로 광고 단가를 매기는 미국 슈퍼볼 중간에도 우리나라 제품의 광고가 나오고 유럽 축구에서 선수들이 우리나라 기업 이름을 가슴에 달고 뛴다. 그러나 브랜드 파워를 얻기 위해 많은 노력과 예산을 쏟아 부으면서 뒤에서 그러한 브랜드 이미지가 어떻게 훼손되는지에 대해서는 충분히 고려하지 못했다. 브랜드를 제품 이름쯤으로 인식하던 시대의 소비자들을 대상으로는 훼손된 브랜드도 다시 광고비를 부어 회복시킬 수 있었다. 하지만 브랜드를 차신의 정체성으로 인식하고 차신과 동일시하기 시작한 지금의 소비자들은 아무리 많은 광고비를 쏟아 부어도 한번 더러워진 브랜드로 차신의 정체성까지 더러워지는 것을 용납하지 않는다.

03

부패의 수익성

1. 부패의 비용

부정부패가 만연한 시장 환경에서의 기업 활동은 기업들이 20퍼센트의 세

금을 추가 부담하는 것과 같은 결과를 초래한다. 2008년과 2010년 기업 설

문조사에 따르면 임원 5명 중 1명은 뇌물 요구를 받은 경험이 있으며 뇌물

을 준 기업 때문에 손해를 입었다는 기업의 응답률도 이와 비슷했다.

<《서울경제》 2011. 7. 3. 윌리엄 헤이그 영국 외무부 장관 특별기고>

부패의 비용 요소 중 세 번째로 부패 자체의 비용에 관해 살펴

보자. 부패는 기업 환경에 있어서 최악의 고정 비용이라는 말이 있다. 부패한 기업 환경에서 활동하는 기업들이 경쟁자들에 비해 불리한 대우를 받지 않기 위해 지출해야 하는 부패 비용, 즉 뇌물 비용이 어느 정도인지에 대해서는 정설이 있기 어렵지만 대부분의 연구는 이를 25퍼센트 내외로 추정하고 있다. 결국 반부패 문화가 정착되지 않은 나라의 기업들은 반부패 문화가 정착된 다른 나라의 경쟁 회사보다 20퍼센트 이상의 비용을 더 지출하면서 세계 시장에서 경쟁을 해야 한다. 부패행위로 인한 기업 이미지 훼손으로 인한 비가시적 손실을 감안하지 않더라도, 이러한 비용 요소만으로도 부패한 기업들은 세계 시장에서 초일류기업이 될 수 없다. 전 세계가 단일 시장을 향해 달려가는 현 시점에서 부패한 기업은 초일류기업은커녕 생존조차 할 수 없다.

여기에 우리가 쉽게 간과하지만 주는 뇌물 비용 자체를 증가시키는 요인이 있다. 우리가 앞에서 살펴본 검사장에게 뇌물을 주는 101가지 방법에 관한 이야기가 이에 관한 생각의 단서를 제공한다.

우리가 만난 한 제약회사의 영업직원은 기업윤리규정이 강화되어서 오히려 접대 비용이 더 들어간다고 하소연했다. 골프 접대를 하던 시절에는 한번 접대를 할 때 그린피 10만 원, 캐디피 10만 원, 식사비 5만 원, 합해서 대략 1인당 30만 원이면 접대가 가능했다. 그런데 기업윤리규정이 강화되면서 골프 접대를 금지시킨 이후에는 강의를 받는 것으로 포장해서 돈을 주고 있다고 한다. 의사 입장에서는 골프야 자기 좋아서 치러 가는 것이니 비용만 대신 내 주어도 좋았지만 강의는 따로 시간을 내어서 강의 장소로 가야 하는 수고를 들여야 하다 보니 예전 골프 접대에 들어가던 비용 30만 원으로는 무언가 받았다는 생각을 안 한다. 이제는 강의비로 50만 원은 주어야 한다. 영업직원 입장에서는 빠듯한 예산으로 접대를 해야 하는데 이제 1인당 20만 원씩 더 드는 셈이다.

검사장에게 뇌물 주는 방법 이야기로 돌아가보자. 회사 입장에서 가장 적은 비용으로 검사장에게 100만 원의 뇌물을 주는 방법은 무엇일까? 현금으로 그냥 쥐어주는 것이다. 그런데 이렇게 현금을 주고받으면 회사에서 비용 처리할 방법이 없다. 부패 적발에 대한 사회적 압력도 강해지고 적발되면 뇌물 받은 사람이 받을 처벌도 커져서 이제는 받는 사람 입장에서도 이렇게 빠져나갈 구멍이 없는 뇌물은 받지 않으려고 한다.

이제 101가지 방법을 동원해보자. 검사장의 아들이 컨설팅 회사를 차린다. 뇌물을 주는 회사는 검사장 아들 회사에 컨설팅을 의뢰하고 컨설팅 비용을 주는 방법으로 뇌물을 주려고 한다. 뇌물을 주는 회사는 컨설팅 비용으로 얼마를 주어야 할까? 여전히 100만 원을 주면 될까? 그렇지 않다. 뇌물을 주는 회사가 여전히 100만 원을 주면 검사장 아들 회사는 이 중에서 형식적이나마 컨설팅이라는 것을 하기 위해 고용한 직원들 월급을 공제해야 한다. 30만 원이 공제된다. 컨설팅 회사가 낼 세금도 공제해야 한다. 15만 원이 공제된다. 검사장 아들도 아무런 대가 없이 이런 위험한 거래에 관여하지는 않는다. 검사장 아들이 15만 원을 또 챙긴다. 결국 검사장에게 전달되는 뇌물은 40만 원밖에 되지 않는다.

주는 뇌물에 대한 사회적 감시와 처벌이 강화될수록 뇌물을 주는 회사는 자신과 뇌물을 받는 사람을 보호하기 위해 여러 단계를 거쳐서 뇌물을 주어야 하고 이 과정에서 거래 비용이 반 이상을 갉아먹는 것이다. 이제 뇌물을 주는 회사는 과거처럼 검사장에게 100만 원의 뇌물을 주려면 컨설팅비로 200만 원은 내놓아야 한다. 주는 뇌물에 대한 사회적 변화가 뇌물을 주는 회사의 뇌물 비용 자체를 현저하게 높인 것이다.

과거 우리나라 기업들에게 부패는 경쟁력 요소였다. 우리나라 대기업들은 부패 3형제의 첫째와 둘째, 즉 직원 개인에게 이익이 돌아가는 빼돌리는 돈이나 받는 뇌물에 대해서는 철저하게 예방하고 엄격하게 처벌하면서 부패 3형제의 셋째, 즉 회사에게 이익이 되는 주는 뇌물에 대해서는 관대했다. 명절 떡값이든, 룸살롱 ·

골프장 접대든, 자녀 학교 문제 해결이든, 부인의 명품가방이든, 심지어는 첩 관리까지 가리지 않고 밤낮 없이 베풀었다. 특정 사안이 생겼을 때 주는 청탁성 뇌물이 아니라, 보편적이고 상시적이며 포괄적인 뇌물 — '관리'라는 표현이 더 적합하다 — 로 입법·행정·사법부의 의사결정권자들을 관리해왔다. 나중에 적발되더라도 특정 사안에 대한 청탁을 위해 준 뇌물이 아니어서 "대가성"을 입증하기 어렵고 당연히 법률상 처벌도 어렵다. 그러기에 의사결정권자들도 일 있을 때 찾아오는 중소기업의 뇌물은 받지 않지만, 평소에 챙겨주는 대기업의 접대는 받아도 뒤탈이 없다는 확고한 믿음이 생겼다.

삼성 — 다시 한 번 말하지만 나는 이 책에서 특정 기업 삼성을 폄하할 의도가 전혀 없다. 삼성이 우리나라 기업의 성공 모델이고 국제 사회의 새로운 변화를 제일 앞에서 맞이해야 하는 위치에 있으며 삼성의 새로운 도약이 우리나라 다른 기업들이 가야 할 길을 가장 잘 보여줄 수 있기 때문에 삼성을 얘기하는 것이다 — 은 우리나라 최고 기업이라는 사실을 온 국민이 다 아는데도 하루가 멀다 하고 이렇게 전면광고를 할 필요가 있을까 싶을 정도로 거액의 광고비를 쏟아 붓는다. 언론은 최대 고객인 대기업을 최대한 티 나지 않게 — 하지만 경우에 따라서는 너무 티 나게 — 적극적으로 보호해주지 않을 수 없다. 가끔씩 터지는 대기업의 부패 문제에 대해서도 국민들이 최대한 빠른 시일 내에 망각할 수 있도록 조력한다.

이렇게 전방위적으로 보호를 받은 대기업들은 국내에서 타사와의 경쟁으로 인한 비용을 최소화할 수 있었고, 자국 내에서와 같은 이러한 일방적인 지지를 받지 못하는 세계 시장에서도 세계 기업들과의 경쟁에서 상대적 우위를 확보할 수 있었다. 이러한 기업 환경 조성에 막대한 비용을 들이고 그 이상의 효과를 얻었던 것이다. 살아남기 위해 이윤을 극대화해야 하는 기업 최고경영자의 입장에서만 본다면 지극히 타당한 결정이었다고 볼 수 있다.

개발도상국 기업이 부패를 동원하여 유리한 경쟁 환경을 만들어 현재의 불리한 환경을 극복하고 성장해가는 것은 역사적으로 보면 불가피한 일처럼 보인다. 그러나 거기까지다. 부패를 통한 성장으로는 영원히 개발도상국 기업 수준을 벗어나지 못한다. 뇌물이라는 20퍼센트의 고정 비용으로 세계 단일 시장 환경에서 한 다리가 묶이고 주는 뇌물에 대한 사회적 감시의 강화로 뇌물 비용 자체가 배로 늘어나면서 다시 한 팔이 묶이는 것이다. 이러한 변화를 제대로 읽지 못하고 한 팔과 한 다리가 묶인 채 두 팔 두 다리로 싸우는 세계 경쟁 기업과 싸워 이기겠다는 것은 용감한 것이아니라 우둔한 일이다. 삼성이 주는 뇌물의 문제를 해결하지 않고 세계 초일류기업 경쟁에서 승리할 확률은 제로(zero)다.

2. 부패의 효용

우리는 앞에서 ①사회적인 보호와 보상을 받는 내부고발자들이 주는 뇌물 기업의 적발확률을 획기적으로 높이고, ②반부패의 칼날, 소셜미디어, 브랜드 아이덴티티의 변화가 부패의 적발 피해를 감당할 수 없는 수준으로 높여가며, ③주는 뇌물에 관한 사회적 감시의 강화가 뇌물 비용 자체를 높이고 있다는 점에 대해 이야기했다. 결국 우리가 앞에서 본 주는 뇌물의 기대비용을 구성하는 모든 요소가 과거와는 전혀 다른 수준으로 높아지고 있는 것이다. 그러면 뇌물을 주는 기업이 마지막으로 의지할 곳은 주는 뇌물의 기대효용밖에 없다. 투자 비용이 높아졌으니 투자 이익이라도 같이 또는 그 이상 높아져야 수지가 맞는다. 과연 그러한가?

불행하게도 현실은 그 반대다. 우리는 앞에서 자유무역협정을 필두로 하는 세계 단일 시장의 흐름에 관해 이야기했다. 과거에는 우리나라 경제가 작은 연못에 불과했고 보조금, 관세와 같은 보호무역 울타리가 쳐져 있었다. '관리' 대상 고위 공무원이 잉크 한 방울 떨어뜨려주면 내가 원하는 색깔로 물들일 수 있었다. 그런데 그

연못이 이제는 강으로 커졌다. 주위를 지켜주던 보호무역의 울타리는 무너져서 이제 강물은 바닷물에 섞여 들어간다. '관리'받는 공무원이 잉크 한 방울은커녕 잉크 한 병을 통째로 부어줘도 표도 안 난다.

삼성의 — 또한 삼성으로 대표되는 우리나라 기업들의 — 기업 부패 문제에 대한 시각을 이야기할 때 종종 인용되는 삼성 고위 임원의 이야기가 있다.

일본 미쓰비시가 어떻게 성장했는지 아나? 도쿄 검사장의 첩까지 관리했다. 그렇게 해서 발전의 터를 닦았다.

맞는 말이다. 기업의 수장은 착할 수 있으면 착한 것이 좋다. 하지만 조직을 지켜내지 못한 수장은 착하다는 이유로 면죄받을 수 없다. 삼성을 포함한 우리나라의 기업들은 이러한 각오로 세계 시장에서 무모한 경제 전쟁을 벌였고, 지금의 경제 기적을 이루어냈다. 그리고 1970년대에 한국에서 태어난 내가 지금 미국의 팔로알토에서 편안하게 이 글을 쓸 수 있는 것도 기업의 성장을 위해서라면 검사장의 첩 수발까지 들 각오로 뛰어다녔던 그들의 노고 덕분일지 모른다.

그러나 역사는 변화하고, 조직은 변화하는 시대 환경에 요구되는 조건들로부터 벗어날 수 없으며, 그 조건들에 적응해서 변화하는 조직만이 결국 살아남는다. 삼성 임원이 지침으로 삼았던 일본 기업들의 지금 모습은 어떠한가? 일본 검사장은 미쓰비시가 세계 단일 시장의 환경에서 세계 소비자들을 대상으로 전 세계 경쟁사들과 경쟁해야 할 때 얼마나 미쓰비시를 보호해줄 수 있을까?

어느 경제 수치로 따져봐도 세계 10위에서 크게 벗어나지 않는 우리나라 기업들에게 이제 '부패'는 경쟁력 요소에서 비용 요소가 되어가고 있다. 개발도상국 기업에서 선진국 기업으로 나아가면 기업이 부패를 통해 얻을 수 있는 한계효용은 급격히 감소한다. 이제 우리나라 기업들은 국내의 입법·행정·사법부 의사결정권자들이나 국내 언론들이 보호해줘서 성장할 수 있는 수준을 넘어섰다. 세계 단일 시장의 흐름은 뇌물로 얻을 수 있는 혜택의 가치를 급격하게 감소시킨다. 선생님에게 촌지를 줘서 내신이 좋으면 우리나라 대학에 갈 때에는 도움이 될지 모르지만, 미국의 아이비리그를 가려면 그걸로는 안 된다. 그 돈으로 영어공부를 더 하는 편이 낫다.

이제 우리나라의 정책결정권자들이 아이폰보다 갤럭시S가 잘 팔리도록 하기 위해서 해줄 수 있는 일이라고는 일시적으로나마

인위적인 고환율 정책으로 수출가격 경쟁력을 높여주는 정도지만 이 역시 국제적인 원화절상 압력을 이겨내지 못한다. 우리나라 언론들이 해줄 수 있는 일 역시 국내 소비자들이 갤럭시S가 아이폰보다 경쟁력이 있다고 생각하도록 만들기 위한 눈물겨운 기사를 띄워주는 정도다.

이제 삼성은 — 그리고 앞으로 이렇게 성공한 기업이 되어야 하는 우리나라의 다른 기업들은 — 우리나라 검사장에게 주는 뇌물로는 본전도 안 나오는 환경으로 빠져들고 있다. 그리고 우리가 앞에서 본 국제 세계의 반부패의 칼날은 이러한 밑지는 장사로 인한 피해의 폭을 더욱더 크게 만들 것이다.

3. 부패의 족쇄 아래 초일류기업은 없다

부패는 이제 비용의 문제다

부패는 더 이상 윤리의 문제가 아니라 비용의 문제다. 이것이 이 책의 가장 핵심적인 내용이다.

부패방지는 착한 기업으로 살아가기 위해 필요한 문제가 아니라 경쟁에서 살아남기 위해 필요한 문제다. 이익이 남으니까 신경 쓰는 문제가 아니라 이익을 내려면 매달려야 하는 문제다. 살 만하니까 생각하는 문제가 아니라 살아남기 위해 깨달아야 하는 문제다.

부패한 방법으로 기업이 더 성장할 수 있을 때 기업이 어떠한 선택을 하는지는 각자의 — 특히 최고경영자의 — 가치관의 문제다. 그러나 세계 단일 시장에서 경쟁해야 하고 내수 시장에서도 무너진 울타리 넘어 쏟아지는 해외 기업들의 제품과 경쟁해야 하는 우리나라 기업들에게 이제 이것은 경제 문제가 된 것이다. 검사장의 첩까지 관리해서 보호받으며 성장하기에 우리나라 경제는 이미 너무나 열려 있고 시대는 부패기업에게 불리한 쪽으로 빠르게 변화하고 있다.

> 뭐 복수? 죽은 곽철용이가 느그 아버지냐? 복수한다고 지랄들을 하게?
> 복수 같은 그런 순수한 인간적인 감정으로다가 접근하면 안 되지. 도끼로
> 마빡을 찍던 식칼로 배때지를 쑤시던 고기 값을 번다 뭐 이런 자본적인
> 개념으로 나가야지, 에이!
>
> 영화 〈타짜〉에서 아귀

우리는 그동안 부패를 윤리의 문제로 보아왔다. 기업들 역시 마찬가지여서 반부패의 문제를 윤리경영이라는 이름으로 불러왔다. 이렇게 반부패를 기업 윤리의 관점에서 보다 보니 기업의 생존

이 위협받는 — 실제로는 위협받을 수 있는 조금의 여지라도 있는 — 상황이 되면 윤리경영은 일단 후퇴시키지 않을 수 없다. 목숨이 위태한 환자에게 치료에 앞서 윤리적인 삶을 살기를 설파하고 있을 수는 없는 것이다.

이제 세계 시장을 놓고 글로벌 무한경쟁을 벌여야 하는 우리나라의 기업들은 부패를 비용 요소로 보아야 한다. 그런데 여기서 대기업 최고경영자들은 딜레마에 빠진다. 온갖 관리명단을 관리하는 데 막대한 비용을 들이면서 세계 시장에서 경쟁하는 것이 버겁기는 하지만 이걸 중단하면 내수 시장에서 여전히 관리를 잘 하는 다른 기업들에 비해 불리한 대우를 받을 것이 뻔하다. 세계 시장에서 부패 비용이라는 한쪽 발목을 잡힌 채 경쟁하는 것이 힘겹기는 하지만 그렇다고 국내에서 다른 경쟁회사들에 비해 불리한 대우를 받아서는 안 된다.

어떻게 해야 할까? 다 같이 못 하게 해야 한다.

삼성만이 할 수 있다

이미 늦었지만 삼성은 지금이라도 반부패의 시류를 받아들이고 오히려 이에 올라타서 강력한 반부패 드라이브를 걸어야 살아남을 수 있다. 여기에는 원하든 원하지 않든 주는 뇌물도 포함된다. 오히려 주는 뇌물의 문제가 그 핵심에 있다.

세계 시장에서는 부패 비용을 줄여서 잡혀 있는 한쪽 발목을 풀어내고, 쏟아질 세계 자본 세력의 반부패 집중포화를 피해야 한다. 국내 시장에서는 나도 못 하고 너도 못 한다는 정책으로 이미 확보한 절대적 우위를 고착시켜야 한다. 어찌 보면 이는 내수 시장에서 현재의 시장 서열을 바꾸지 않아도 되는 1등 기업만이 할 수 있는 특권이다.

삼성이 부패에서 벗어나지 않고서는 우리나라 경제는 절대 부패에서 벗어날 수 없다. '삼성도 주는' 뇌물을 안 주고서 삼성보다 유리한 경쟁 환경을 조성할 수 있는 우리나라 기업은 없다. 실제로 한국은행자료에 따르면, 2010년 우리나라 중소기업의 매출액 대비 접대비 비중은 대기업보다 여덟 배나 많다.

부패의 사다리를 걷어차라

왜 선진국들은 예외 없이 처음에는 철저한 보호무역 정책을 펴서 자국 기업들이 세계 경쟁력을 확보하도록 돕다가 나중에는 자유무역 옹호자로 변신하는가? 왜 개발도상국들을 향해 다 같이 자유무역을 해야 양국에 모두 이익이 된다고 핏대를 세우면서 자유무역을 받아들이지 않는 국가들은 도태되지 않을 수 없도록 만드는가? 보호무역이 성장 단계에서는 붙잡아야 살 수 있는 경쟁 요소지만 성장 이후에는 자신들의 지위를 고착시키기 위해 걷어차서 다 같이 쓰지 못하게 해야 하는 장애 요소가 되기 때문이다.

왜 선진국들은 오랜 기간 동안 모방과 변형으로 지적 자산을 축적하고 나서, 이제는 지적재산권의 보호야말로 인류의 독창적 창의성을 보호하는 유일한 길이라며 개발도상국들까지 지적재산권 보호 범위의 확대와 기간 연장에 끌어들이고 있는가?

보호무역과 모방경제가 1에서 8로 오르기 위해서는 꼭 필요했지만 8에서 10으로 정상에 오르기 위해서는 걷어차서 아무도 쓰지 못하게 해야 했기 때문이다. 보호무역을 걷어차기 위해 자유무역에 힘을 실었고 모방경제를 걷어차기 위해 지적재산권의 극단적 보호의 깃발을 세웠다. 이제 마지막 남은 사다리가 부패의 사다리다. 이 사다리는 그들이 채 걷어차버리기도 전에 이미 반부패 국제협약, 내부고발, 소셜미디어, 브랜드 아이덴티티, 뇌물 비용의 증가, 세계 단일 시장 흐름과 같은 수많은 요소들로 썩어 들어가고 있다.

삼성은 어떻게 해야 하는가? 변화하는 경쟁 환경의 파도 앞에서 삼성은 어떠한 선택을 해야 살아남을 수 있는가? 부패의 효용은 떨어뜨리고 비용은 비약적으로 증가시키는 변화의 흐름 속에서 부패의 마지막 단물을 빨아먹고 역사 속에서 소리 없이 잊혀져 갈 것인가?

과거 우리나라 기업들에게는 부패가 이러한 경쟁 요소였지만, 이제는 걷어차야 최소한 생존이라도 할 수 있는 장애 요소인 것이다. 삼성이 이러한 기업 부패의 경제 논리를 이해하지 못하고 여전히 '받는 뇌물'은 안 되지만 '주는 뇌물'은 괜찮다는 논리를 붙들고 있는 한, 삼성은 절대 초일류기업이 될 수 없다.

제3장

초일류기업의
부패방지 조건

부패방지는 착한 기업으로 살아가기 위해 필요한 문제가 아니라 경쟁에서 살아남기 위해 필요한 문제다. 이익이 남으니까 신경 쓰는 문제가 아니라 이익을 내려면 매달려야 하는 문제다. 먹고살 만하니까 생각하는 문제가 아니라 살아남기 위해 깨달아야 하는 문제다.

기업의 부패방지는 감사반의 '적발' 능력의 문제가 아니라, 부패의 발생을 사전에 '방지'할 수 있는 명확하고 단순한 행동 수칙을 만들고, 실제 그 적용 결과를 주기적으로 확인하고, 여기서 발견된 문제점을 다시 재교육하고, 이를 통해 행동수칙을 보완하고, 이를 다시 적용하는 끊임없이 순환하는 하나의 살아 있는 프로그램의 문제다.

01

적발에서 방지로 방지에서 문화로

1. 평가하고 예방하고 적발하고 개선하고 대응하라

진노해야 할 대상은 부패행위 자체가 아니다

우리는 세계 시장의 경쟁자들이 우리나라 기업들에게 부패방지
라는 새로운 조건을 내걸고 우리나라 기업들을 초일류기업의 문턱
에서 도태시킬 것이라는 점을 살펴보았다. 또한 세계 단일 시장의
확산은 우리나라 기업들이 부패로 얻었던 혜택을 무력화시키고, 내
부고발자와 소셜미디어와 같은 시대적 변화들은 부패적발률을 높
이고 부패 적발 확산에 더욱 힘을 실을 것이며 부패의 비용은 늘어

나고 그 효용은 현저히 줄어들 것이라는 점을 이야기했다.

그러면 이제 기업 부패방지를 어떻게 실현시킬지에 관해 이야기해보자.

우리와 같은 부패방지 전문 변호사들이 자신의 기업에서 부패행위가 사라지지 않는 이유와 이에 대한 조언을 구하는 경영자들을 만나면 처음 묻는 몇 가지 사항들이 있다.

- 사장님께서는 1년 동안 준법교육을 몇 번 받으셨습니까?
- 사장님이 준법교육을 받지 않으셨다면, 사장님께서는 어떤 것이 준법인지 다 알고 계시기 때문입니까, 아니면 사장님은 적용대상이 아니기 때문입니까?
- 1년 동안 사내에서 준법부서에 자신이 어떻게 행동해야 하는지 질문한 직원은 몇 명이나 있었습니까?
- 질문이 없었다면, 직원들이 의문을 가질 상황이 없었기 때문이라고 생각하십니까, 아니면 질문을 하기 힘들거나 답을 얻기 힘들기 때문에 안 한 것이라고 생각하십니까?
- 1년 동안 사내에서 부패행위 신고는 몇 건이나 있었습니까?
- 신고가 없었던 것은 부패행위가 없었기 때문이라고 생각하십니까, 아니면 직원들이 알고도 신고를 하지 않았기 때문이라고 생각하십니까?

우리나라 기업 경영자들은 기업 내에서 부패행위가 적발되면 진노한다. 하지만 생각해보자. 당신이 여름철 숲속 산장에 갔다. 창문에 모기장이 없어 모기들이 들어와 당신을 계속 물고 있다. 당신은 여름철 숲속 산장에 모기들이 있다는 것에 화를 내는 것이 맞는가, 이러한 산장에 모기장이 없다는 것에 화를 내는 것이 맞는가?

어느 날 조그만 건물에 있는 회사에 회의를 하러 갔더니 남루한 차림의 경비원 할아버지가 무엇을 잘못했는지 아들뻘 돼 보이는 건물관리 직원에게 핀잔을 듣고 있었다. 참으로 힘없고 가진 것 없는 노인의 불쌍한 모습이었다. 그런데 나중에 회의를 마치고 나오다 보니 동네 음식점 배달원이 할아버지에게 담배를 전해주고 있었다. 우리 눈에는 경비원 할아버지가 보잘것없는 자리에 있는 것으로 보이지만, 음식점 배달원은 그 건물 사람들에게 음식을 편하게 배달하려면 엘리베이터를 잡고 있어도 내쫓지 않고 건물 입주자들에게 전단지를 뿌려도 눈감아주도록 경비원 할아버지에게 잘 보여야 한다.

모든 자리에는 지위 고하를 막론하고 권리가 생기고 권리가 있는 자리에는 남용의 문제가 생기게 마련이다. 당신의 기업에서 부패행위가 발생하는 것은 부패행위를 저지른 직원이 다른 사람에 비해 유난히 비윤리적인 사람이기 때문이 아니다. 그 직원을 내쫓는다 해도 사람과 유형만 달라질 뿐이지 또 다른 부패행위가 발생한다. 여름철 숲속 산장에 모기가 없어야 한다고 생각했다면, 그것은 당신이 잘못 생각한 것이다.

당신이 진노해야 할 대상은 부패행위 그 자체가 아니라, 그러한 부패행위를 방지하거나 좀 더 일찍 찾아내지 못한 당신 기업의 부패방지 시스템이다. 우리 회사에 왜 부패방지 시스템이 갖추어져 있지 않은지, 왜 우리가 갖춘 시스템이 제대로 작동하지 못했는지를 따져 물어야 하는 것이다. 모기를 탓할 것이 아니라 모기장이 없거나 구멍이 나 있거나 너무 간격이 커서 모기를 제대로 막지 못하는 것을 탓해야 한다.

정신교육으로 부패를 막지 못한다

흔히들 부패 문제를 개인의 윤리의식이 부족해서 발생하는 '불상사'이니 직원들의 윤리의식을 제고하면 되는 문제라고 생각한다. 그리고 부패방지 역시 윤리적 측면에서 접근하려 하기 때문에 부패방지 전문 변호사라고 하면 준법교육을 하는 것으로 생각하는 경우가 많다.

내가 어린 시절 우리나라의 축구 국가대표팀은 국제무대에서 대부분 저조한 성적을 거두었다. 지금도 기억하는 그 다음날 신문

기사는 늘 똑같아서 "막판 급격한 집중력 저하로 대량실점, 정신력 강화가 과제"였다. 문제 인식이 이렇다 보니 선수들의 정신력을 무장시키기 위해 삭발을 하거나 심지어는 감독과 코치의 구타 문제까지 발생한다. 상처에 진흙을 바르는 셈이다.

부패 문제에 관한 세계적인 추세는 적발에서 방지로 넘어가고 있다. 인간의 경제적 이기심을 기초로 존재하는 자본주의 사회에서 역시 인간의 경제적 이기심의 발로인 부패 문제는 떼려야 뗄 수 없는 내재된 속성이다. 이것을 사후 통제로 막을 수 있다는 생각 자체가 모순일지 모른다. 우리의 몸이 살아 숨쉬는 한, 바이러스 역시 항상 몸 속 어디엔가 살아 있는 것처럼 기업이 존재하는 한 부패라는 바이러스는 항상 함께 존재한다. 우리가 해야 할 일은, 또한 할 수 있는 일은 그 바이러스가 질병을 일으키지 않도록 미리 예방하는 것이다.

기업의 부패방지는 감사반의 '적발' 능력의 문제가 아니라, 부패의 발생을 사전에 '방지'할 수 있는 명확하고 단순한 행동수칙을 만들고, 실제 그 적용 결과를 주기적으로 확인하고, 여기서 발견된 문제점을 다시 재교육하고, 이를 통해 행동수칙을 보완하고, 이를 다시 적용하는 끊임없이 순환하는 하나의 살아 있는 프로그램의 문제다. 국내외 기업들의 부패방지 프로그램을 맡아온 내가 하는 업무도 주로 이러한 업무들에 중점을 두고 있다.

당신이 일하고 있거나 경영하고 있는 기업이 윤리경영에 들인 노력이라는 것이 두꺼운 윤리규정집 만들고 직원들 정신교육 한 번씩 시키고 가끔씩 감사반 한 번씩 뜨는 수준이라면 당신의 기업은 부패라는 씨앗이 가장 좋아하는 방치라는 거름을 부어주고 있는 것이다.

효과적인 부패방지는 총체적 시스템의 문제다

기업의 부패방지 시스템은 하나의 총체적인 프로그램으로 구성되어야 한다. 그 안에는 아래와 같은 체계적인 요소들이 빠짐없이 포함되어야 한다.

① 모든 기업에 잠재적 부패 요소가 상존한다는 인식하에 해당 기업에 치명적인 부패 위험 요소를 진단하고,

② 부패 위험 요소에서 발생할 수 있는 부패행위에 대한 방지 대책을 수립하며,

③ 이를 위해 마련한 행동 기준에 대해 직원들에게 명확한 지침을 전달하고,

④ 숨어 있는 부패행위를 적발해내며,

⑤ 기업의 부패방지 시스템이 제대로 작동되고 있는지 확인하고,

⑥ 부패행위가 대외적으로 적발되었을 경우 기업 내부, 조사기관이 조사하

는 과정, 이후 뒤따를 사법 절차, 고객과의 관계, 그리고 미디어와의 관

계에서 기업의 피해를 최소화하는 대응 방안을 수립하며,

⑦ 확인된 부패 문제에 대해 재발 방지 대책을 수립하고,

⑧ 이를 다시 직원들에게 재교육해야 한다.

이는 마치 우리가 사용하는 컴퓨터에서 유포될 우려가 있는 바

이러스를 진단하고 백신 프로그램을 개발하고 이를 컴퓨터에서 실

행시키고 이를 실시간으로 작동시키며 수시로 업데이트하고 바이

러스에 감염되었을 경우 이를 치료하여 복원하는 것과 유사하다.

2. 부패방지는 절차의 문제다

마지막 날 오후 2시

제가 변호사님은 기억합니다. 제가 처음으로 준법교육 들으면서 안 졸았

던 강의였거든요.

기업들이 새해 계획을 짜는 연초가 되면 나는 각 기업별로 준법

강의를 하느라 분주하다. 요즘은 대부분의 기업들이 연례 워크샵 일

정 중에 준법교육을 넣고 있다. 그런데 한 가지 공통점은 예외 없이 준법교육을 워크샵 마지막 날 오후 2시에 잡는다는 것이다.

대부분 다 함께 모여서 올 한 해 실적 한번 제대로 올려보자는 결의를 다지는 워크샵이 많은 만큼 워크샵 일정은 주로 영업부서에서 계획하는 경우가 많다. 이러다 보니 물불, 앞뒤 안 가리고 덤벼도 될까 말까 한 영업전쟁 결의의 시간에 "이거 하지 마라, 저거 하지 마라" 하며 초 치는 준법교육은 — 하라니까 하기는 하지만 — 워크샵 분위기를 되도록 흐리지 않도록 마지막 날 오후에 잡는 것이다.

팀의 단합에 술이 빠질 수 없고 중간에 일정을 망치면 안 되니 새벽까지 이어지는 제대로 된 술자리는 대부분 워크샵 마지막 날 전날 밤의 몫이다. 중요한 내용도 다 들었겠다 전날의 술기운도 가시지 않았겠다 준법교육은 코 안 골고 자면 선방하는 시간이다.

하나 마나 한 소리

이런 준법교육 시간 체체파리(tsetse fly) — 아프리카에 서식하는 수면병을 일으키는 곤충류 — 의 습격을 격화시키는 것에는 강의 내용도 한몫한다. 좋게 말하면 공자님 말씀이고 나쁘게 말하면 하나 마나 한 소리다.

기업 준법감시팀은 이것이 준법교육의 특성상 불가피하다고 말한다. 우리는 그게 아니고 회사의 규정이 절차적 사실로 규정되지 않고 실체적 규범으로 규정되어 있기 때문이라고 알아들을 수 없는 이야기를 해준다. 법조인들은 사법연수원에서 규범과 사실을 구별하는 교육을 먼저 받는다. — 물론 배웠다고 다 아는 것은 아니다.

협력업체로부터 명절 때 부적절한 선물을 받아서는 안 된다고 하면, 그것은 '부적절한'이라는 가치판단이 포함된 규범이다. 반면, 협력업체로부터 선물을 받으면 회사 내부 웹사이트 선물신고란에 기록하라고 하면 이것은 사실이다. 선물을 받았는지 안 받았는지, 신고했는지 안 했는지의 사실적 행위와 판단만이 존재하기 때문이다.

부적절한지에 대한 규범적 판단은 주관적이어서 사람마다 다 그 판단 기준이 다르다. 추석 때 절친한 협력업체 사장으로부터 5만 원짜리 와인 한 병을 선물 받았다면 그것은 적절한가, 부적절한가?

가치판단의 여지를 배제하라

나의 행동이 불법적이거나 비윤리적인가?

이것은 기업의 부정부패 관리에 가장 적극적으로 관여하고 있다고 알려진 세계적인 회계법인 본사가 직원들에게 적용하는 윤리 및 행동 강령의 첫 번째 질문이다. 미안한 이야기지만, 이 법인 역시 규범과 사실을 혼동하고 있다.

기업의 부패 문제의 상당 부분은 관행에서 비롯된다. 규정에 맞는 것인지 위반되는 것인지는 정확하게 모르겠으나, 한 가지 확실한 것은 내 전임자도 그냥 그렇게 해왔고 내 상급자도 그렇게 하고 있으며, 내 옆의 동료 역시 크게 다르지 않다는 것이다.

관행을 바꾸기 위해서는 가치판단이 배제된 기준이 제시돼야 한다. 가치판단이 개입되는 순간 각자의 생각이 서로 달라지고 이에 따라 행동도 서로 달라진다. 서로 이해하고 취하는 행동이 달라지면 그 중 어느 것을 따라야 하는지가 모호해지고 이러한 상태로 시간이 지나면서 서로 다른 행동은 다시 관행으로 회귀하게 된다.

이러한 문제점은 우리 사회에서 널리 볼 수 있다. 국가에서든 기업에서든 여러 사람의 행동을 변화시켜야 할 때 조직과 지도자가 내세우는 기준은 가치판단의 여지가 없는 명확하고 구체적인 내용이어야 비로소 효과가 있다. 서로 이해와 의견이 다른 조직에서 불확정 개념을 제시하면 구성원의 행동 변화를 얻어내지 못하고 조직 내 이해관계의 대립만 증대된다.

왜 그럴까? 이러한 문제는 우리가 같은 언어로 같은 단어를 사용하면 같은 이해를 할 것이라는 오해에서 비롯된다. 그러나 언어는 우리가 관찰할 수 있는 여러 가지 현상을 추상화한 도구다. 서점에 놓인 수만 권의 책이 하나같이 다 다른 책이지만 우리는 그것들을 모두 책이라고 부른다. 언어는 본질적으로 하나의 점이 아니라 일정한 면적에 해당하는 의미를 내포하고 있다.

사람마다 경험이 다르고 가치관이 다르고 이해관계가 다르기 때문에 같은 언어를 사용하더라도 그 언어가 가지는 의미의 면 위에서 서로 다른 지점에 서서 이해한다. 다 같이 친서민 정책을 취한다고 주장하면서 복지 포퓰리즘을 비난하지만, 어느 것이 친서민 정책이고 어느 것이 복지 포퓰리즘인지에 대한 생각은 서로 다른 것이다. 처음부터 구체적인 의미를 명확하게 하지 않고 듣기 좋은 모호한 표어를 내걸다 보니 내가 친서민이고 너는 포퓰리즘이라고 서로 싸우지만 아무리 싸워도 답은 나오지 않는다.

언어 자체가 여러 의미로 이해될 수 있는 한계를 가지고 있는데 여기서 나아가 그러한 언어 중에서도 추상적이고 불확정 개념의 언어를 가지고 방향을 제시하면 각자가 자신의 이해관계에 따라 서 있는 거리가 더 멀어질 수밖에 없다. 각자가 서로 다른 지점에 서서 행동하다 보면 조직이 내세운 방향의 범위는 더 넓어지고 결국에는 원래 각자가 하던 대로 행동하게 되는 것이다. 이로 인한 피해는 여기서 그치지 않는다. 이번에는 거리가 더 멀어진 구성원들이 서로 제자리에서 크게 벗어났다고 비난한다. 그러면 구성원들 간의 갈등만 심화된다.

이러한 예는 우리 가까운 곳에서도 자주 볼 수 있다. 이명박 정부는 우리 사회가 나아가야 할 방향을 공정사회로 내세웠다. '공정'이라는 개념이야말로 추상적이고 아무런 사회적 합의가 이루어지지 못한 개념이다. 이러다 보니 정운찬 동반성장위원장은 공정사회 실현을 위해서 초과이익공유제를 시행해야 한다고 하고, 최중경 지식경제부 장관은 초과이익공유제는 애초에 틀린 개념이라고 하고, 이건희 회장은 사회주의 국가에서 쓰는 말인지 자본주의 국가에서 쓰는 말인지 공산주의 국가에서 쓰는 말인지 들어본 적이 없다고 한다. 사회 구성원들의 행동 변화는 이끌어내지 못하고 갈등의 대립만 심화시켰다.

우리나라에서 가장 사회적 합의에 가까이 간 기준이 무엇일까? 아마도 법일 것이다. 물론 현행법의 내용에 대해서도 각자의 가치관에 따라 비판적인 입장이 있을 수 있다. 하지만 우리 사회에서 아직까지 법만큼 민주적 합의의 정당성을 부여받고 있는 기준은 없다. 이와 같이 그나마 가장 높은 수준의 사회적 합의에 도달한 법을 지키는 것마저 제대로 이루어지지 않고 있는데 아무런 사회적 합의 도출 과정과 절차와 노력 없이 덜컥 '공정'이라는 개념을 내걸고 나오니 이러한 결과가 발생하는 것이다.

우리가 기업을 방문하여 자문을 해보면 대부분의 기업들이 이러한 규범적인 내용, 주관적인 판단에 따라 달라질 수 있는 내용, 개인의 가치판단이 필요한 내용으로 기업의 준법 절차를 규정하고 있다. 이러다 보니 그 내용을 설명해줘도 들으나 마나 한 이야기가 되고, 그간 자신의 행동이 부적절했다고 자아비판하는 직원이 없는 이상 직원들의 행동에 아무런 변화도 주지 못한다. 그 자리에는 체체파리의 습격만이 남는다.

현재 및 장래의 여러 가지 요소들을 고려해야 하는 기업의 의사결정에서 기업 임직원의 판단이 기업의 이익을 위한 것이었는지, 자신 또는 제3자의 이익을 위한 것이었는지, 이로 인해 기업은 궁극적으로 이익을 얻었는지, 손해를 입었는지를 사후에 판단하는 것은 쉽지 않다. 그러나 이 과정에서 이러한 의사결정권자가 당해 결정에 이해관계가 있는 제3자로부터 어떠한 경제적 이익을 받았다면 이것은 다른 문제다. 그것은 부패의 문제다.

우리 법률은 많은 경우에 실체적 정의를 찾고자 한다. 쉽게 말하면 — 정확한 표현은 아니지만 — 그 행동이 옳았는지를 따지는 경우가 많다. 당연히 판단이 쉽지 않다. 특히 의사결정에 고려해야 하는 요소가 로켓 사이언스(rocket science) 수준으로 복잡해져가는 현대 사회의 기업 환경에서는 거의 불가능에 가깝다. 그러다 보니 자연히 범죄 성립에 합리적 의심(reasonable doubt)이 없어야 하는 형사 사건에 있어서는 무죄선고율이 높아진다. 천문학적인 법률 비용을 지출하여 많은 반대 논리를 더 많이 만들어낼 수 있는 부자 기업인들의 경우에는 더 유리한 위치에 서게 된다. 이러한 무죄선고율은 기업 경영자들의 도덕적 타락을 심화시키고, 배임죄의 무죄선고율은 더 높아지는 악순환을 초래한다. 부자들에 대한 무죄선고에 사법 불신은 심화되고 변호사들은 부자들의 도덕적 타락에 대한 방패막이로 전락한다.

기업인이나 임직원이 임무를 위배해 재산상 이익을 얻거나 제3자에게 이익을 얻도록 해 결과적으로 회사에 손해를 끼친 배임 사건의 무죄율이 전체 형사 범죄의 일곱 배에 달하는 것으로 나타났다. 31일 대법원에 따르면 지난해 손해액 5억 원 이상인 경우 적용하는 특정경제범죄 가중처벌 등에 관한 법률상 배임 사건은 선고자 379명 중 59명이 무죄 판결을 받아 1심 무죄율이 무려 15.6퍼센트에 달했다.

검찰 관계자는 "특경가법상 배임 사건의 경우 피고인의 상당수가 대기업 임원이나 재벌 총수로 대형 로펌을 고용해 적극적인 방어 논리를 만드는 것도 무죄율을 높이는 원인"이라며…….

《매일경제》 2010. 5. 31.

우리나라 기업들의 부패방지 정책도 이와 크게 다르지 않다. 이것 역시 기업 부패방지를 윤리의 문제로 생각하는 잘못된 출발에서 비롯된다. 기업들이 부패방지를 '윤리'의 문제로 생각하다 보니 부패행위가 발생하면 비윤리적인 '사람'에 집중한다. 비윤리적인 사람이 문제라고 생각하다 보니 부패방지 정책이라는 것도 비윤리적인 사람을 '엄벌'하겠다는 내용으로 일관된다. 이렇게 나쁜 사람을 처벌하는 내용에 치중하다 보니 이에 관한 지침도 추상적으로 흐르기 쉽다.

그러나 기업의 부패 문제를 '시스템'의 문제로 인식하면 부패행위를 한 직원의 자리에 다른 직원이 앉더라도 그와 같은 부패행위는 언제든지 발생할 수 있다는 생각에서 출발하게 되고, 일하는 과정에서 어떠한 '절차'들을 요구해야 부패행위를 견제할 수 있는지에 집중하게 된다.

이것이 우리가 기업 부패방지를 개인의 윤리가 아닌 시스템의 문제로, 적발이 아닌 예방의 문제로, 추상적인 규범이 아닌 구체적인 절차의 문제로 보아야 한다고 말하는 중요한 이유다. 이처럼 생각을 바꾸지 않으면 우리나라 기업들의 부패방지 노력도 몸만 고달파진다. 숲속 산장에 모기가 있다고 모기장 칠 생각은 안 하고 눈에 보이는 모기만 죽일 생각만 하면 몸만 고되다. 모기장을 치지 않는 한, 모기는 죽여도 죽여도 산장 안으로 들어올 것이다. 숲속 산장에 들어온 모기를 보고 화를 내는 것이 현명한가, 모기장을 치는 것이 현명한가? 바이러스에게 진노하는 것이 현명한가, 백신을 맞는 것이 현명한가?

3. 적발의 과대평가, 예방의 과소평가

한번 담그다

내가 맡은 형사사건 이야기다. A회사의 법 위반행위가 심각해서 결국 형사사건으로까지 번졌다. 검찰과 우리 간에 치열한 논리 공방이 벌어졌다. 검찰도 초강수를 두었지만 우리도 만만치 않았다. 검찰이 압수수색영장을 법원에 청구했지만, 우리도 검찰의 압수수색영장 청구가 왜 허용되어서는 안 되는 사안인지 치열하게 다투었다. 법원에서 영장을 기각했다. 검찰이 재청구했다. 또 다투었다. 또 기각되었다.

우리는 압수수색영장을 세 번 기각시키고 구속영장청구를 한

번 기각시키는 놀라운 성과(?)를 거두었다. 경영진의 구속까지 예상되었던 이 사건은 1억 원대의 벌금으로 약식기소되어 재판 없이 종결되었다. 우리가 우리의 성과를 기뻐하며 즐거워하는 사이 A회사에서 전화가 왔다. 벌금이 왜 이렇게 많이 나왔냐는 불만이었다.

내가 맡은 또 다른 형사사건 이야기다. 이 사건은 B회사 최고경영자가 구속된 사건인데, 여러 가지 다른 이유가 있었지만 경찰조사 단계에서 초기 대응이 부족했다. 우리 팀의 잘못이라고 할 수는 없었지만 구속까지 가지 않을 수 있었던 사건이어서 경영진이 구속되고 나니 마음이 불편했다. 이후에는 결국 보석 신청이 허가되고 오랜 기간 재판을 거쳐 수십억 원의 벌금으로 마무리되었다. 이 최고경영자는 그때의 고마움을 잊지 않고 두고두고 이야기하며 명절 때마다 나에게 선물을 보내주고 있다.

"담그다"는 표현은 과거 법조계에서 사용되던 은어로 피의자를 구속시킨다는 뜻이다. 법조계에서는 한번 담근(구속된) 의뢰인이 두고두고 변호사에게 고마워한다는 블랙유머가 있다.

보이는 손실, 보이지 않는 손실

왜 이런 일이 벌어질까? 처음에는 제대로 걸렸다고 두려워하던 의뢰인이 압수수색영장이 기각되고 구속영장이 기각되는 동안 점점 자신이 잘못한 것이 없다는 확신을 키워가게 된다. 그리고 자신은 무죄가 되어야 한다는 확신에 불타오른다. 그러다가 벌금이 나오면 변호사들이 제대로 방어를 못 했다는 생각을 하게 된다.

구속된 피의자는 변호사들이 동분서주하며 애쓴 탓에 자신이 구치소에서 출감되는 경험을 한다. 그리고 자신이 다시 구치소에 수감되지 않도록 해준 것만으로도 고마움을 잊을 수 없게 된다.

다시 우리 이야기로 돌아오자. 기업 내에서 누군가가 부패행위를 저질렀을 때 그 부패행위를 적발한 것은 어떠한 의미를 갖는가? 부패행위를 저질러 기업에 이미 피해가 발생했지만, 그러한 부패행위가 계속되어 추가적인 피해가 발생하는 것을 막았다는 정도의 의미에 불과하다. 부패행위를 예방한 것은 어떠한 의미를 갖는가? 또다시 발생할 수 있는 부패행위를 차단하여 기업의 피해가 처음부터 발생하지 않도록 한 것이다.

분명히 기업 입장에서는 예방으로 인한 이익이 더 크다. 그러나 내 경험에 따르면, 의뢰인 회사에 가서 이미 발생한 부패행위를 적발해주면 나라를 구한 것 같은 대접을 받지만, 부패를 양산하는 회사 규정과 시스템의 문제점을 찾아내어 이를 개선시켜주면 이에 대해 크게 고마워하는 회사는 드물다. 여기에는 지금의 시스템이 허점이 있을지는 몰라도 아직까지 별 탈 없이 잘 지내왔는데 실제로 이로 인해 부패행위가 발생할 가능성이 얼마나 높겠냐는 생각이 깔려 있다. 거의 모든 기업 부패행위가 이러한 시스템의 허점을 찾아서 발생하고 확대되고 지속되는 것을 매번 목격하면서도 말이다. 학자들은 이를 주관적 낙관주의의 오류라고 부른다.

분위기 안 좋네

기업들이 부패방지 노력을 꺼리는 이유 중 하나는 직원들의 불만을 불러일으키고 사기를 저하시킨다는 잘못된 생각 때문이다. 이는 부패방지 노력의 본질적인 문제가 아니라, 우리나라 기업들이 부패방지를 예방보다 적발에 중점을 두고 있기 때문에 발생하는 문제다.

부패의 적발은 이미 현재화된 부패의 피해를 차단했다는 점에서 의미가 있다. 그러나 반대로 적발된 직원의 입장에서는 그 잘못이 누구에게 있든 상관없이 회사에 대해 적대적인 감정을 가지게 된다. 우리는 앞에서 주로 선의의 내부고발자에 대해 이야기했지만, 실제는 그렇지 않은 경우도 분명히 있다. 자신이 업무상 알게된 위법행위를 더 이상 모른 척할 수 없는 양심의 명령에 의해 이를 대외적으로 공개하는 경우가 선의의 내부고발자다. 하지만 아무런 문제 제기 없이 이러한 행위들을 보아오다가 전혀 다른 일로 자신의 잘못이 회사에 적발되고 나면 '나만 죽을 수 없다'는 생각이나 자신의 잘못에 대한 회사의 처벌을 회피하는 수단으로 그동안 알고 있던 회사의 위법행위를 폭로하는 내부고발자도 있다. 이러한 유형의 내부고발자는 진정한 의미의 내부고발자라고 할 수 없지만 외형상으로는 선의의 내부고발자와 쉽게 구별하기 어려운 경우가 많고 실제 이런 방식으로 내부고발을 악용하는 사람들도 있다. 이러한 사람들을 살펴보면 대부분 자기만 걸린 것이 억울하다는 생각을 하는 경우가 많은데, 회사가 부패 문제를 방지하는 데 힘쓰지 않고 적발하는 데만 치중할 때 이러한 경우가 더 자주 발생한다. 이외에도 적발 위주로 부패 문제를 해결하려 하면 죄 없는 다른 직원들이 적발 사례가 발생할 때마다 업무에 집중하지 못하고 의욕이 저하된다는 폐해가 있다.

그러나 회사가 진짜 의욕을 가지고 부패방지를 경영전략으로 삼고 이를 위한 시스템을 도입하여 개선하고 강화하는데 이러한 회사의 노력에 불만을 품거나 이로 인해 사기가 저하될 직원은 없다.

부패방지 노력이 적발 중심에서 예방 중심으로 변화해가야 하는 또 하나의 중요한 이유다. 물론 예전에는 안 해도 되었던 보고도 해야 하고 점검도 해야 하기 때문에 귀찮게 만든다고 불평불만을 늘어놓는 직원들이 있기는 하지만, 이것은 항상 새로운 변화를 추구하며 발전하는 기업들의 본래의 모습이지, 부패방지 자체의 문제는 아니다. 이러한 불평불만도 실제 내용을 들여다보면 기업들이 부패방지를 위한 효과적인 절차를 찾지 못하고 있으나 마나 한 보고 절차만 잔뜩 늘어놓음으로써 생기는 경우가 많다. 어떠한 절차를 마련해야 부패행위를 방지할 수 있을지 제대로 알아보지 않고 뭐 하나 걸리라는 심정으로 이것저것 잔뜩 늘어놓는 것이다. 숲속 산장에 필요한 모기장은 찾지 못하고 이 커튼 저 커튼 잔뜩 걸어보는 경우다.

02
부패방지 시스템의 구성

1. 내부의 천재에게 맡기지 마라

최근 집단지성(Collective Intelligence)에 대한 논의가 활발하다. 집단지성에 대한 이론적인 출발은 의외로 간단하다. 개인의 생각은 정보와 오류로 구성된다. 쉽게 말해서 내 생각이라는 것은 제대로 알고 있는 내용(정보)과 잘못 알고 있는 내용(오류) 둘 중 하나고 대부분의 경우에는 이 두 가지가 섞여 있다. 이러한 각자의 생각을 계속 더해가면 정보는 무한대로 커지고 오차는 플러스와 마이너스를 서로 주고받으며 상쇄되어 제로로 수렴한다. 바로 이러한 과정을 거쳐 오차가 제로에 가까운 거대한 정보로서의 집단지성이 탄생하는 것이다.

그런데 여기서 사람들이 흔히 간과하는 두 가지 오해가 있다.

첫째는 개인의 생각은 정보가 대부분이고 오류는 미미하다는 편견이다. 그러나 항상 정보가 오류보다 크다는 근거는 없다. 이와는 반대로 개인의 생각은 오류가 대부분이고 정보 — 올바른 정보를 말한다 — 는 극히 미미할 수도 있다.

둘째는 오차를 제로로 수렴하기 위해서는 오차 간의 독립성이 유지되어야 한다. 개인들 각자가 가지고 있는 오차 간에 서로 상관관계가 존재하지 않아야 한다는 의미다. 즉, 내 옆에 있는 사람의 생각에 오차가 있더라도 나는 이에 영향을 받지 않고 내 스스로 판단을 내릴 수 있어야 한다. 강의실에 앉아 있는 학생들에게 강의실 앞에 있는 바구니 안에 든 구슬의 개수를 알아맞혀보라고 할 때 서로 상의하지 않고 각자 적어내도록 하는 경우가 바로 이러한 경우다. 실제로 이런 조건하에서 전체 학생의 평균 추정치 적중률은 그 중 가장 적중률이 높은 학생 개인의 추정치 적중률보다 높다. 비유하자면 IQ 100~120 사이의 학생 100명이 IQ 150인 학생 한 명을 이긴다는 것이다.

오차의 독립성이 확보되기 어려운 대부분의 상황에서는 개인의 생각을 더하면 더할수록 오차만 커지고 모아진 정보는 보잘것 없어지는 대중의 오류 또는 대중의 광기가 나타난다. 히틀러에 열광하는 주위 사람들이 나의 판단력도 흐리게 만들고 주식을 팔아 치우는 시장의 공포가 나까지 공포에 빠뜨리는 것이다.

실제로 강의실 바구니 안 구슬의 개수 맞히기에서 몇 명씩 짝을 지어 서로 상의한 후 구슬의 개수를 맞혀보라고 하면 적중률은 떨어진다. 같은 비유를 들자면 IQ 100인 학생이 IQ 120인 학생의 판단력까지 흐리게 하는 것이다.

심지어는 기준 리본과 비슷한 크기의 리본 찾기와 같은 단순한 실험에서도 가짜 참여자 4명이 모두 짜고서 일부러 틀린 답을 똑같이 말하면 이를 모르고 실험에 참여한 진짜 참여자의 오답률까지 급격하게 증가한다. 다른 사람들의 잘못된 판단이 내 판단까지 흐리는 것이다.

우리는 관행화된 부패의 경우에서도 이러한 문제를 종종 본다. 부패방지교육 중에 자주 "그런 것도 안 되나요?" 하는 질문을 받는데, 이런 경우도 관행화된 부패 요소라고 할 수 있다. 잠재적 부패 요소를 찾아내겠다고 여러 사람들이 모여서 교육을 받지만 모두 한 기업 내에서 같은 문화와 같은 경험과 같은 관행을 공유하다 보니 외부의 제3자가 보면 당연히 의문을 가질 법한 문제에 대해서 이런 것은 괜찮다고 의견의 일치를 보는 것이다. 처음에는 '진짜 괜찮을까' 하고 의문을 갖는 사람들도 주위 사람들이 모두 괜찮다고 하는 것을 보면서 '괜찮겠지' 하며 생각을 바꾼다. 이와 같은 다수의 오류는 새로운 구성원이 들어와도 그의 지적 능력마저 무력화시킨다. 오류는 찬성표를 하나씩 받으면서 점점 커지다가 어느 순간 절대적인 진리로 군림하고 개인의 판단력을 지배하게 된다.

이러한 문제는 우리 회사의 문제는 우리가 제일 잘 알 것이라고 생각해서 내부 자원만을 활용하여 잠재적 부패 요소를 찾아내려고 하는 경우에 자주 범하게 된다. 이런 경우에는 외부 전문가의 도움을 받는 것이 필요하다. 전문가의 도움을 받을 여건이 안 되면 회사와 아무런 관계없는 외부 일반인이라도 참여시키는 것이 내부 사정에 밝은 사람들끼리만 모여서 의견을 모으는 것보다 낫다.

외부 전문가의 적절한 조력이 필요한 이유는 또 있다.

역시 우리가 경험한 사례를 살펴보자. 우리나라 A대기업은 회사의 법 위반 위험을 사전에 파악하기 위해 각종 자료를 샅샅이 뒤져서 회사의 지배구조 중에 법 위반 위험이 높은 사항들을 사전 조사하고 회사의 법 위반 내용을 일목요연하게 정리한 자료를 만들었다. 다음 해 공정거래위원회가 A대기업을 조사하는 과정에서 이 자료가 조사관에게 발견되었다. 조사관들은 힘 하나 안 들이고 A대기업의 법 위반 사항을 모조리 파악한 데다가 사실상 이에 대한 이들의 자백까지 얻어내는 쾌거(?)를 이루었다. 회사에서도 이미 이 사항들은 법 위반 가능성이 높다고 판단한 것이니 나중에 사실 법 위반이 아니라고 주장하기가 난처해지는 것이다. 이로 인해 A대기업은 이후 거액의 과징금을 부과받았다.

부패방지 법률자문의 연장선에서 이에 관한 정부기관 조사에 대응하는 업무를 하다 보면 제일 난처한 경우가 조사관이 회사 자체적으로 시행한 내부 감사결과보고서를 제출하라고 할 때다. 내자니 회사가 자체적으로 파악한 회사의 법 위반 요소들이 그대로 공개되고, 조사한 적이 없다고 하자니 허위진술이 되고, 조사했는데 법 위반 요소가 단 한 건도 없었다고 하자니 거짓말임이 너무 뻔하다. 이런 조사관이 제일 얄밉다. 뭐야, 거저먹겠다는 거야?

이런 점에서 부패 요소의 파악이나 적발 단계에서는 제3자, 특히 법률상 보호를 받을 수 있는 변호사 자격이 있는 자에게 내부 조사를 하도록 하는 것이 바람직하다. 막연히 생각하기에는 자체적으로 우리가 찾으면 더 빨리 더 정확하게 찾을 수 있을 것 같지만, 그 과정에서 실제로 심각한 법 위반 요소가 발견되면 그때는 어떻게 할 것인가의 문제도 미리 생각해야 하는 것이다. 이런 경우를 대비하여 적발 내용과 이 과정에서 파악된 회사의 위법 사항에 관한 자료를 회사가 직접 작성하고 보관하는 것이 아니라 외부 변호사가 주도하도록 하고 회사는 이에 관한 자료를 직접 보관하고 있지 않는 것이 위와 같은 난처한 상황에 대비하는 방안이 될 수 있다.

2. 그늘을 만들지 마라

5만 원 이하 선물의 함정

공무원은 직무 관련자로부터 금전, 부동산, 선물 또는 향응을 받아서는 아니 된다. 다만, 다음 각 호의 어느 하나에 해당하는 경우에는 그러하지 아니하다.
2. 통상적인 관례의 범위에서 제공되는 음식물 또는 편의

공무원행동강령 제14조 제1항

우리가 기업에서 자주 보는 규정 중에 하나가 협력업체로부터 5만 원 이상의 선물을 받으면 신고해야 한다는 것이다. 얼핏 보면 합리적이고 명확한 것 같다. 그러나 현실은 그렇지 않다.

자, 당신이 협력업체 사장 명의로 와인 한 병을 받았다. 당신은 당신 회사에 이것을 신고해야 하는가? 당신은 모른다. 이 와인의 가격을 모르기 때문이다.

당신은 너무나도 청렴한 사람이어서 여기에 굴하지 않고 동봉된 명함을 보고 협력업체 사장실에 전화를 걸어 당신에게 보낸 와인 가격을 물어보았다. 사장 비서가 전화를 받았지만, 구매부에서 일괄 구매하여 보냈기 때문에 가격은 모른다고 한다.

당신은 구매부 전화번호를 알아낸 다음 구매부에 전화를 걸었다. 구매부에서 구매를 하기는 했지만 구매 후에는 자료를 자금부에 모두 넘기기 때문에 자금부에 확인해보아야 한다고 한다.

당신은 자금부에 전화를 걸었다. 이제 다 되었겠지. 자금부에서는 원래 가격은 개당 6만 원인데 기존에 다른 거래관계가 많았고 이번에 대량 구매했기 때문에 특별할인가로 개당 4만 원에 구매했다고 한다.

헉! 대체 이 와인의 가격은 5만 원 이상인가, 5만원 이하인가?

명절마다 오는 편지

변호사들은 기업들에게 법률자문을 하고 자문료를 받기 때문에 기업 입장에서 보면 법률사무소도 하나의 공급자다. 그러다 보니 명절 때가 되면 법률사무소에서 고객사들에게 선물을 하는 경우가 많다.

요즘에는 이러한 기업들이 많이 늘고 있지만, 내가 처음 일을 할 때만 해도 명절 때가 다가오면 어김없이 날아오는 국내 어느 대기업의 편지 한 통이 낯설게 느껴졌다. 그 편지에는 "우리 회사 임직원은 공급사로부터 명절 선물을 전혀 받을 수 없도록 규정되어 있으니 회사 임직원에게 선물을 보내는 일이 없도록 협조해 달라, 임직원에게 선물을 보내는 공급사는 향후 우리 회사와의 거래 관계에서 불이익을 받을 수 있다"고 씌어 있었다.

금액에 관계없이 어떠한 선물도 보내지 말라고 명확하게 써 있으니 그 다음에는 더 이상 생각할 것이 없었다. 아마도 그 편지에 "우리 회사 임직원은 공급사로부터 5만 원 이하의 선물은 받을 수 없으니"라고 써 있었다면, 우리는 왠지 5만 원 이하의 선물은 해야 하지 않겠냐고 이야기했을 것이다. 우리가 기존에 거래하던 업체와의 관계를 이용하여 최대한 비싼 선물을 5만 원에 맞춰보려고 했을지도 모른다.

우리의 경험에 비춰보면, 이렇게 '전혀' 받을 수 없거나 받으면 금액에 관계없이 신고하도록 되어 있는 회사와, '5만 원 이상'의 선물은 받을 수 없거나 받으면 신고해야 하는 회사(5만 원 미만의 선물은 신고 없이 받아도 된다는 의미다) 간에는 반부패 정도에서 큰 차이가 나는 것을 확인할 수 있었다. 쉽게 생각하면 설과 추석, 1년에 두 번 '5만 원 미만'의 선물을 신고 없이 받을 수 있도록 했다고 해서 이것 때문에 부패방지에 무슨 문제가 발생할까 싶지만 현실은 그렇지 않다는 것이다.

모든 부패는 변명거리에서 시작된다

기업에 치명적인 피해를 끼친 부패 사례들을 조사해보면, 단번에 이러한 심각한 부패행위에 뛰어든 사람은 없다. 처음에는 회사에 남아 있는 견본품 몇 개를 거래처에 주는 것으로 시작한다. 영업직원은 이것이 거래처와의 실적에 다소나마 좋은 영향을 미치는 것을 깨닫게 된다. 거래처에서 점점 더 자주, 점점 더 많은 양의 견본품을 요구하기 시작한다. 하지만 회사에서 영업직원에게 제공하는 무료 견본품의 수는 한정되어 있다. 거래처의 요구가 점점 강해지면서 자신이 회사에서 받은 견본품이 바닥나고 나면 이제는 거래처에 실제 돈을 받고 팔아야 할 제품까지 무료 견본품으로 몇 개 주게 된다. 이렇게 회사에서는 정상품으로 받아 와서 거래처에는 무료 견본품을 전해주는 경우가 늘어난다. 거래처에서는 당연히 무료 견본품으로 받은 부분에 대해서는 회사에 대금을 입금

하지 않는다. 영업직원은 이제 거래처가 사정이 어려워서 아직 대금을 전액 다 입금하지 못하고 있다고 회사에 거짓말을 하기 시작한다. 그러다 보니 거래처에서 수금한 돈이 회사에 입금해야 할 돈보다 점점 더 적게 된다.

회사에 미수금으로 보고한 돈을 영업직원이 개인 돈으로 메우려면 실적을 더 올려 인센티브를 많이 받아야 한다. 그러다 보면 거래처의 요구에 더 약해져서 더 많은 제품을 견본품으로 주게 된다. 이러한 악순환이 반복되다 보면 몇 년 후 회사는 거액의 외상매출금 손실을 떠안게 된다. 영업직원은 이미 자기 명의의 재산을 다른 가족들 명의로 돌려놓아서 이제는 아무런 지불 능력이 없는 상황에 이른 상태다.

비싼 와인을 선물로 받고도 신고하지 않은 직원을 적발하면, 그 직원은 뭐라고 하겠는가? 예외 없이 "아이고, 저는 와인이 그렇게 비싼지 몰랐어요. 그냥 2만~3만 원이면 사는 줄 알았는데 다음부터는 이런 일이 없도록 주의하겠습니다"라고 한다. 이렇게 넘어가면 나중에 또 비싼 와인을 선물로 받고도 '걸리면 또 몰랐다고 하지'라는 생각으로 신고하지 않는다. 이렇게 신고하지 않은 와인은 나중에 술 접대와 뒷돈으로 이어지게 마련이다.

기업의 부패방지 규정에 "잘 모르면 지키지 못할 수도 있는" 그

늘이 있으면, 시간이 흐르면서 이 그늘은 "잘 알아도 치키치 않는" 그늘을 만들어내고, 나중에는 햇빛을 피할 수 없는 몇 곳을 체외하고는 당신의 기업 대부분을 어둠으로 만들어버린다.

- 5만 원 이상의 선물은 받아서는 안 된다.
- 선물을 받았을 때에는 그 내역을 신고해야 한다.

전자는 신고할 필요는 없지만, 5만 원 이상의 선물은 전혀 받을 수 없다. 후자는 5만 이상의 선물도 받을 수는 있지만 어느 경우에나 항상 회사에 신고해야 한다. 당신이 기업의 부패방지 담당자라면 둘 중 어느 규정을 택하겠는가?

우리는 이럴 때 후자를 택하라고 말한다. 어둠은 어둠을 쫓아내려고 발버둥 치면 칠수록 자신마저 어둠에 갇혀버리지만, 햇빛을 비추면 자연히 없어진다.

공직자들의 룸살롱 접대가 사회적으로 문제가 되던 무렵 이에 관한 해결 방안을 논의하는 자리에 함께했다. 룸살롱 출입을 금지해야 한다, 전면 금지는 현실성이 없으므로 횟수를 제한해야 한다, 여러 가지 의견들이 나왔지만, 내가 내놓은 의견은 엉뚱하게도 룸살롱 문에 사람 눈 높이에 오는 가로 10센티미터, 세로 1센티미터의 작은 유리창을 만들도록 법제화하면 어떻겠냐는 것이었다.

미국 변호사들이 자주 쓰는 말로 4개의 눈 규칙(four eyes rule)이라는 것이 있다. 사람의 눈이 2개이니 어떠한 사안이든 두 사람 이상이 보아야 한다는 것이다. 어렵고 비현실적인 조건들을 요구하기보다 그냥 한 사람이 같이 보게 하는 것이다. 룸살롱 문을 막으려고 뛰어다니는 것이 아니라 룸살롱에 구멍을 내서 빛을 비추는 것이다. 기업 부패 문제도 이와 다르지 않다.

우리나라 국세청이 감추어진 세원을 발견해내는 데 있어서 일등공신 역할을 한 것은 바로 신용카드였다. 한쪽의 거래 내역에 관한 정보가 공개되면 다른 한쪽의 거래 정보도 자연히 파악할 수 있다. 국세청이 감추어진 세원을 찾으려면 직원 수십 명을 투입해 자료를 뒤지고 적발되는 사람들에게 추징금을 물리고 형사고발을 하는 것보다 거래 자료들이 스스로 드러나도록 하는 것이 더 효과적이다.

부패를 방지하려면 제일 먼저 정보를 공개하게 만들어야 한다. 이렇게 정보가 공개되고 축적되면 어떠한 부분을 어떻게 효과적으로 규제할 수 있는지는 자연히 뒤따라온다. 이보다 더 중요한 것은 이렇게 정보가 공개되는 과정에서 금지되어야 할 행동들이 저절로 억제된다는 것이다.

부패의 최대 적은 금치가 아니라 공개다. 우리나라의 규정들은 "통상의 거래 관행에 비해 부당"하거나 "사회상규에 반"하거나 "통상적인 관례를 벗어나는" 행위들을 하지 말라고 말한다. 어떠한 것들이 이에 해당하는지는 밤을 새워 논의해도 답을 내기 어렵다. 그러나 당신이 한 행위가 공개되고 사람들이 모두 당신이 한 행위를 알게 된다고 하면, 그것만으로도 우리 대부분은 이렇게 어려운 규범적인 기준을 스스로 판단할 수 있는 능력을 갖게 되고, 대부분의 경우 그러한 판단이 가장 타당한 기준이 된다. 어디까지가 금지되는 부패행위인지 설명하기는 매우 어려워도 대부분의 경우 또한 대부분의 사람들은 보면 알 수 있다. 직원들에게 자신의 행위가 부패행위인지 판단하여 부패행위이면 하지 말라는 어려운 숙제를 내지 말고 모두 공개하게 하라. 밝은 빛을 비추면 밝음은 그 자리에 머무르는 것을 불편해하지 않고 어두움은 스스로 사라져간다. 스스로 사라지지 않더라도 어디가 어두운 곳인지는 분명하게 드러난다.

3. 바닥자료에 답이 있다

제가 아는 한 큰 문제는 없습니다 – 당신이 모르는 것이 제일 큰 문제다

기업 현장에서 부패행위 적발을 위한 조사를 할 때 보면 기업들은 주로 회계자료를 뒤진다. 부패의 문제가 금전거래와 관계가 있으니 회계자료를 통해 비정상적 정황을 포착하겠다는 생각인 것 같다.

하지만 당신이 기업에 다녀본 적이 있다면 자금부에 언제 서류를 제출하는지 생각해보라. 웬만한 이야기들은 대부분 말로 오고 간다. 그 다음에 정리가 필요한 부분은 이메일을 주고받으며 정리해간다. 그리고 내용이 다 정리가 되면 마지막 단계로 결재 요청을 위해 자금부에 전달할 서류를 작성한다.

이 단계에 이르면 그동안 오랜 기간 '작업'한 내용이 마지막 단계에서 틀어지면 안 되니 결재 단계에 있는 상사나 임원들 중 누군가 문제 삼을 내용이 없는지 꼼꼼하게 검토한다. 이렇게 깨끗하게 정리된 자료가 자금부에 회계자료로 보관되는 것이다.

종종 기업에서 실사를 해 찾아낸 자료를 경영진에게 보여주면 깜짝 놀란다. "이게 우리 회사에서 나온 자료예요?" 본인들은 이러한 자료를 여태껏 한 번도 본 적이 없다며 놀란다. 당연하지! 그러면 어느 영업사원이 "담당 지역 영업 실적을 올리기 위해서 구청 공무원에게 뇌물성 술 접대를 해야 하니 승인해주시기 바랍니다" 하고 결재를 올리겠는가?

우리가 실제로 본 일들 가운데 하나를 예로 들면, 골프 접대가 금지된 어느 회사가 고객들을 위한 행사를 가진 적이 있었다. 회사 회계자료상으로는 식사비, 행사장소 대여비, 행사진행 대행사 수수료 등 회사에서 모두 허용하는 항목들만이 기재되어 있었다. 물론 그랬으니 회사에서 경비 지출을 승인했을 것이다. 하지만 바닥자료를 뒤졌더니 회사 담당자의 자료 중에는 행사진행 대행사가 자신들의 수수료 산정 내역으로 회사 담당자에게 보내온 자료에 골프 캐디피가 1만 원 단위까지 일일이 기재되어 있었다.

장학사가 보는 교실

경영진은 회사의 모든 일은 최종적으로 자신의 승인을 얻어야 이루어질 수 있고 이러한 일들은 모두 자신이 최종 승인한 규정에 따라서만 이루어질 수 있으니 회사의 모든 직원들이 하는 일은 자신이 알고 있다고 생각하는 경우가 종종 있다. 그렇지 않다! 경영진이 보는 서류는 사원에서 부장에 이르기까지 회사의 모든 직원들이 결재 단계에서 흔히 말하는 '빠꾸'를 맞지 않기 위해 자신이 할 수 있는 모든 청소와 포장을 다 한 서류만 볼 수 있다. 우리가 어렸을 때 평소의 교실 모습과 이른바 장학사 오는 날 장학사가 보는 우리의 교실 모습을 떠올려보라!

왜 부패한 자금을 지하자금이라고 하겠는가? 지하의 썩은 하수는 들여다보지도 않고 우리 건물은 잘 관리되고 있다고 자랑을 늘어놓는다. 그사이 지하의 썩은 하수는 당신 집의 나무기둥을 썩게 만들고 어느 날 갑자기 당신 집 천장을 무너뜨린다. 어리석은 집주인은 그제야 멀쩡하던 우리 집이 왜 갑자기 무너졌는지 한탄하며 어젯밤 분 비바람을 탓한다.

그러면 바닥자료를 어떻게 볼까? 이러한 바닥자료는 직원들이 감추니 어차피 볼 수 없다고 생각하는 경영자가 많다. 그렇지 않다. 2000년대 초 우리는 외국 기업 본사의 요청을 받고 본사가 정해준 절차에 따라 한국 자회사의 직원들을 실사할 기회가 있었다. 우리는 회사에서 제공한 개인 컴퓨터에 저장된 자료 중 개인적인 자료는 따로 옮겨놓을 수 있다는 점을 직원들에게 알리고 그렇게 할 충분한 시간을 주었다. 그런 다음 직원들의 컴퓨터에 남아 있는 모든 저장된 자료들을 다운로드받았다. 해당 부서의 직원 책상마다 옮겨 다니며 "들으셨겠지만"으로 시작하는 우리 소개를 하고 이러한 작업을 반복했다. 그리고 이렇게 모은 자료들을 서버에 저장하고 검색 프로그램을 실행시켜 자료들을 인덱싱하도록 했다. 그리고 우리가 우려하는 사항에 관한 검색 단어를 다양한 형태로 입력하여 관련 자료들을 찾아냈다.

처음에 우리는 미리 개인 자료를 정리할 시간을 주었으니 문제가 될 만한 자료는 대부분 삭제했거나 옮겼을 것이라고 생각해 별로 성과가 없을 것으로 예상했다. 그러나 우리의 성과는 불행히도 혁혁했다. 우리는 이후에도 많은 기업들에서 이와 같은 경우를 경험했다. 그래서 우리는 부패방지 문제는 바닥자료를 보지 않고서는 아무리 말해봐야 소용없는 일이고 바닥자료 역시 조금만 파보면 생각보다 쉽게 나온다고 말한다.

대부분 직원들이 문제가 될 자료는 알아서 지워서 최종적인 회계자료나 직원들이 가지고 있는 바닥자료나 크게 차이가 없을 것으로 생각하는 경우가 많지만, 실제는 전혀 그렇지 않다. 부패행위가 기획되고 모의되고 논의되는 동안 직원들은 너무나 과감하리만큼 직설적인 자료들을 작성하고 공유하고 저장한다. 나중에 결재가 완료되어 더 이상 이 자료들이 필요 없으면 지워버려야겠다고 생각하지만 인간의 망각의 힘은 실로 대단하다.

심지어 우리는 이러한 조사 과정에서 직장 내 유부남 유부녀가 주고받은 애절한 사랑의 글과 속초모텔이라는 파일 제목의 동영상 자료도 종종 볼 수 있었다. 자신들의 개인적인 자료마저 관리가 이러하니 부패의 흔적들에 대한 관리는 어떻겠는가?

우리는 부패행위의 단서 중 90퍼센트는 바닥자료에 있고 거기서 끝난다고 말한다. 엑셀 자료만 이리저리 돌려보는 방식으로는 부패행위를 찾아낼 수도 막아낼 수도 없다.

표본검사로 한 놈만 제대로 죽여라

부패방지에 관한 업무를 하다 보면, 기업들이 모든 자료를 샅샅이 뒤지고 싶어 욕심을 부리는 것을 자주 본다. 그러나 역시 시간과 비용은 한계가 있게 마련이라서, 자료가 200건이고 조사 인원이 4명밖에 없다면 1명이 50건씩 나누어 맡아 전부 살펴보려고 한다. 당연히 한 건에 대해 볼 수 있는 내용은 매우 얄팍한 수준에 머무를 수밖에 없다. 한 사람이 한 건을 제대로 볼 수 있는 정도의 시간이 주어진다면 조사하는 사람 1명이 50건을 2퍼센트 깊이로 조사할 수밖에 없다.

잠시 부패의 현장으로 가보자. 당신 회사에서는 고객들에게 뒷돈을 주는 것은 엄격하게 금지하고 있고 고객과 만났을 때 식사만 같이 할 수 있도록 허용하고 있다. 당신은 당신이 맡은 지역의 고객으로부터 영업 실적을 올려야 하는데 그 고객들은 모두 돈을 원하지 당신과 앉아서 식사하기를 원하지 않는다. 반대로 회사에서는 당신이 맡은 지역의 식당 영수증에 대해서만 환급을 해주지 고객에게 돈을 주면 1원도 환급을 해주지 않는다.

영업사원 입장에서는 이제 방법이 없을까? 회사에서는 이렇게 관리하면 더 이상 직원들이 고객에게 뒷돈을 주는 일이 발생하지 않을까? 그렇지 않다. 당신은 그 지역에서 고객이 자주 가는 식당을 매일 한 번씩 들러서 밥은 안 먹고 매일 10만 원씩 카드를 긁으면 된다. 한 달 동안 모아서 고객에게 전해주고 카드 오픈 해두었으니 이 영수증 가지고 가서서 편하실 때 식사하라고 전해주면 200만 원을 준 셈이 된다. 식당 주인이야 매상 올라가는데 싫어할 이유가 없다. 고객은 이 영수증으로 회식을 해도 되고 심지어 밥 안 먹고 100만 원만 돈으로 받아갈 수도 있다. 고객은 뒷돈 100만 원을 받은 셈이고 식당 주인은 아무것도 안 하고 100만 원 벌고 당신의 실적은 올라간다.

우리가 본 또 다른 사례다. 구매담당 직원은 금요일에 협력업체 영업직원들로부터 법인카드를 모은다. 협력업체들마다 비용 승인 제한이 있으니 포스트잇에 각 카드 별로 비용 승인 제한 내용을 써서 각 법인카드에 붙인다. 이 업체 카드는 노래방은 안 되는 카드, 이 카드는 주말에는 30만 원까지만 승인되는 카드, 이 카드는 골프장에서는 쓰면 안 되는 카드…… 각 카드마다 제한사항을 피해 주말 행사 비용을 잘 쓰고 나서 전표와 함께 월요일 아침에 다 돌려준다.

영수증 거래 내역을 확인해서 해결되는 문제가 아니다. 이런 경우들에 대해서는 어떠한 조사 기법으로 찾아낼 수 있는지는 이 책의 논의 범위를 벗어난다. 다만 우리가 여기서 강조하고자 하는 것은 부패를 잡겠다고 200건을 2퍼센트 깊이로 다 조사하고 나서 살펴보았는데 특별한 문제가 없다고 할 것이면 차라리 그냥 있으라는 것이다. 이러한 조사는 경영진에게는 잘못된 낙관만 심어주고 직원들에게는 이 정도 조사면 안 걸리겠다는 용기만 심어주고 나중에 실체를 알고 나서 "어떻게 우리 회사에서 이런 일이?" 하는 놀라움만 남긴다.

조사 인원이 4명밖에 없다면 200건 중에 무작위로 4건만 뽑아서 각각 100퍼센트 깊이로 바닥자료까지 조사하라. 그리고 그러한 노력을 정기적으로 반복하라. 그러면 당신은 학창시절 표준정규분포곡선과 함께 배웠던 표본검사의 능력을 확인할 것이다. 200건 중에 4건만 보아서 어떻게 적발하겠나 싶지만 무작위로 추출하는 표본에 반드시 걸려드는 부패 사례가 있다. 중요한 것은 이러한 노력을 정기적으로 반복하는 것이다. 이렇게 100퍼센트 깊이로 조사해야만 부패의 프로들에게 부패방지의 메시지를 확실하게 전달하는 효과를 거둘 수 있다.

4. 핫라인이 내부고발자를 줄인다

부패 문제의 또 다른 적은 기업 내 위계질서다. 특히 우리나라처럼 인정을 중요시하고 한 다리 걸치면 대부분 학교나 고향 선후배거나 친구의 친구로 얽히고설키어 있는 문화에서는 강력한 인간관계와 조직 내 위계질서가 부패의 예방 및 적발 가능성을 현저하게 떨어뜨린다.

이러한 기업 환경일수록 기업 내 지휘계통을 거치지 않고 잠재적 부패 문제를 직접 조사권한자에게 알릴 수 있는 핫라인이 필요하다. 하지만 이 글을 읽는 독자 중에 직접 핫라인으로 다른 직원이나 상사의 부패 문제를 신고하거나 신고한 사람을 본 사람이 있는가? 적어도 부패방지 전문 변호사라고 하는 내가 본 바로는 우리나라 기업 중에 핫라인이 의미 있는 수치로 활용되고 있는 기업은 없다. 절차의 보장은 어느 정도 의미 있는 결과가 있을 때에만 의미가 있다.

우리는 당신이 기업 내 핫라인 신고 건수가 한 건도 없는 것을 보고 당신의 회사에는 아무 문제가 없다고 생각하는 사람이 아니라 당신의 회사에서 핫라인이 제대로 활용되지 않는 이유를 고민하는 사람이길 바란다.

핫라인이 제대로 작동하지 않으면 핫라인으로 해결할 수 있는 문제가 내부고발로 확대될 위험이 높다는 점에서 핫라인의 활성화는 기업의 부패방지에서 중요한 의미를 갖는다. 통상 기업에 핫라인을 활성화하라고 하면 홍보책자를 제작하는 경우가 많다. 그러면 핫라인이 활성화될까? 핫라인이 활성화되지 않는 이유가 홍보책자가 없어서인가? 그렇지 않다. 직원들이 잠재적 부패 요소를 보고서도 핫라인으로 신고하지 않는 이유는 신고해서 얻을 것이 없기 때문이다.

핫라인 신고로 불이익을 주지 않겠다고 공언하지만 일단 신고를 하고 나면 사실 조사를 위해 이리저리 불려 다닌다. 또 이런 조사 과정에서 혐의자에게 누가 신고했는지 알려지게 된다. 심지어는 부패행위 조사에 대한 전문적인 지식이나 경험이 없는 사람들이 일벌백계의 신념으로 무작정 덤벼들다 보니 반드시 밝혀내겠다는 열정으로 신고자와 혐의자를 대질시키기까지 한다.

그나마 신고 내용이 정확하고 증거도 충분한 경우라면 다행이지만, 특히 '잠재적' 부패 요소를 신고한 경우에는 신고자의 앞길은 가시밭길이나 다름없다. '잠재적' 요소에 대한 신고야말로 기업의 부패로 인한 피해를 최소화하는 최적의 신고인데도 말이다. 만에 하나 별 문제 없는 것으로 결론 내려지거나 증거가 불충분하다는 이유로 그대로 종결되어버리면, 핫라인 신고자는 이제 혐의자와 주위 동료들의 비난에 둘러싸이게 된다. 증거가 확실해도 기업 내에서 신고자는 가까이 하면 위험한 사람으로 인식되어 기피대상이 되기 쉽다. 상황이 이러한데 누가 핫라인 신고를 하겠는가? 나라도 안 하겠다.

핫라인을 활성화하려면 기업의 모든 임직원들에게 잠재적 부패 요소를 인지했을 때 핫라인으로 신고할 의무를 부과해야 한다. 핫라인 신고를 "할 수 있다"가 아니라 핫라인 신고를 "해야 한다"가 되어야 하는 것이다. 부패 문제가 발생했을 때 부패행위를 한 사람도 제재를 받지만 이를 알고서도 신고하지 않은 사람도 제재 대상임을 명확히 해야 한다. 부패방지의 문제에 있어서는 직원 개인에게 선택의 여지가 없는 규정을 두어야만 한다.

"열 사람이 한 도둑 못 막는다"는 속담이 있다. 그러면 어떻게 해야 하는가? 막는 사람을 — 막을 의무가 있는 사람을 — 백 사람, 천 사람으로 늘려야 한다.

03

부패방지 시스템의 발전

1. 정기적으로 확인하라

아직까지 우리나라 기업들은 부패 문제를 예방보다는 적발에 치중해 해결하려는 경향이 많다 보니, 이에 대한 내부조사도 불시에 하는 경우가 많다. 불시조사는 정기조사와는 별도로 이루어져야 하며 기업이 불시조사에만 의존해서는 기업의 부패 문화가 사라지지 않는다. 경험상 불시조사가 적발에는 도움이 될지는 몰라도 예방에는 그리 도움이 되지 않는다.

뿐만 아니라 불시조사는 의외로 여러 가지 부작용을 낳는다.

첫째, 조사자 입장에서 불시조사는 시한이 정해져 있지 않기 때문에 조사를 뒤로 미루게 만드는 경우가 많다.

둘째, 이보다 더 나쁜 것은 실제 부패 사건이 터지거나 경영진이 갑자기 부패척결을 강조하는 경우와 같이 이벤트가 있을 때 불시조사를 하는 것이다. 이와 같이 특정한 사건이나 이벤트와 연결된 시점에 이루어지는 불시조사(실제로는 '불시'도 아니다)는 이 과정에서 적발된 직원들에게 자기만 운이 나빠서 적발되었다는 불만을 품게 만들고, 그 외의 직원들에게도 이러다 말 거라는 불신을 심어주어서 아무런 경고 효과도 주지 못한다. 아쉽게도 우리가 본 우리나라 기업들의 부패행위 내부조사는 이와 같이 (경고 효과는 약하고 불만은 크기 때문에 가장 안 좋은 경우라고 할 수 있는) 특정 사건과 연결된 불시조사가 가장 많았다.

셋째, 범죄심리학의 연구조사에 따르면 범죄행위자들은 자신의 적발 확률을 객관적인 확률에 비해 낮게 평가하는 경향이 있다. 부패행위자들 역시 마찬가지다. 부패행위자들은 자신이 불시조사 대상이 될 확률을 낮게 평가한다. 이 때문에 불시조사는 부패의 예방 효과가 미미할 수밖에 없다.

우리가 경험한 효과적인 부패방지 사례를 살펴보자. 우리는 부패 문제가 계속 반복되는 D기업으로부터 부패방지 방안을 마련하는 데 도움을 달라는 요청받은 적이 있다. 이 기업은 워낙 오랜 기간 동안 이러한 방식으로 영업을 해오다 보니 회사에서 여러 번 교육도 하고 징계도 했지만 크게 개선되지 않았다.

우리는 D기업 한 팀의 자료를 조사하여 법이나 회사 규정에 위반되는 사항들을 찾아냈다. 그리고 전체 직원들을 모아놓고 찾아낸 위반사항들을 파워포인트로 띄워 보여주었다. 의외로 "아직도 저런 경우가 있어?" 하는 반응을 보였다. 짐작컨대 아마도 그런 반응을 보이는 직원들의 자료에서도 비슷한 수준의 위반사항들이 많이 있을 터였지만, 자신이 평소에 별 생각 없이 하던 일들을 파워포인트로 띄워놓고 다 같이 바라보고 있으니 중대한 위반사항인 것이 이제야 눈에 보이는 것 같았다.

우리는 다른 직원들에게 2개월 후 이와 동일한 조사를 다른 부서에도 실시할 것이며 이와 유사한 위반사항들은 동일하게 적발 대상이 될 것임을 알려주었다. 2개월 후 우리는 실제로 이에 따라 다른 부서원에 대한 조사를 실시했다. 그 결과는 놀라웠다. 그 전의 어떠한 조치와도 비교할 수 없을 정도로 눈에 띄는 개선이 이루어졌던 것이다.

우리는 그 자리에서 앞으로 6개월 후에 같은 조사를 실시할 것임을 알렸고, 6개월 후 실제로 그렇게 했다. 그 결과, 이번 조사에서는 위반사항을 거의 찾아볼 수가 없었다.

무엇이 직원들의 오랜 관행을 변화시켰을까? 직원들에게는 자신이 지금 하고 있는 일들을 6개월 후 누군가 반드시 보게 된다는 사실만큼 강한 부패방지의 압력은 없었던 것이다.

미리 알려주고 정기적으로 조사하라. 직원들은 일할 때마다 6개월 후 자신의 자리를 비출 햇빛을 생각하지 않을 수 없었을 것이다. 이것이 가장 효과적인 살균제다. 6개월 단위 조사가 반복되면 직원들도 더 이상 자신의 적발률에 대한 주관적 낙관주의에 안주할 수 없다. 적발되는 직원도 당연히 걸릴 것이 걸린 것이고 자신과 크게 다르지 않은 직원들도 얼마 후 자신과 같은 징계를 받을 것이라는 생각으로 훨씬 더 쉽게 수긍할 수 있다. 이러한 직원들의 인식의 변화는 몇 년 후 부패방지의 문화로 자리 잡는다.

2. 조사의 적법 절차를 준수하라

방귀 뀐 놈이 성낸다

형사소송법에서는 피해자의 인권만큼 피의자의 인권을 중요하게 생각한다. 피의자란 쉽게 말해서 범인으로 의심받고 있는 사람을 말한다. 잘못을 한 혐의가 있는 사람이라는 이유로 이를 조사하고 판단하고 처벌하는 과정에서 피의자에 대한 인권이 침해될 우려가 높고, 이러한 침해를 막지 않으면 억울한 처벌을 받거나 과도한 처벌을 받을 수 있기 때문이다.

자본주의가 고도화되기 이전 시대에는 국가만이 유일한 권력 기구였다. 그래서 권력관계는 국가와 개인 간을 중심으로 규정되었다.

그러나 자본주의가 고도화된 현대 사회에서는 한 나라의 많은 부분이 기업에 의해 이루어지고 앞으로 이러한 기업의 권력은 더 커져갈 것이다. 그러다 보니 이제는 개인 대 국가의 권력관계뿐만이 아니라 개인 대 기업의 권력관계 역시 법률적으로 중요한 과제가 되었다. 이러한 경향은 소비자와 기업 간의 관계 변화에서도 쉽게 볼 수 있다. 과거에는 기업과 소비자의 관계도 개인들 간의 거래관계와 크게 다르지 않았다. 그러다 보니 사적 자유의 원칙, 쉽게 말하면 너희들끼리 알아서 정하라는 원칙이 적용되었다. 하지만 인터넷 포털 업체의 예에서 보는 것처럼 한 기업의 회원 수가 3,000만 명이 넘어가면 이야기가 달라진다. 이제 기업의 행위는 과거 국가 권력에 적용되었던 엄격한 기준이 적용되고 심사를 받게 된다.

앞으로는 국가에 의해 침해받는 개인의 권리만큼이나 기업에 의해 침해받는 개인의 권리가 법률문제의 중요한 부분이 되고, 개인들은 이러한 권리 주장에 목소리를 높여갈 것이며, 수적으로 폭발하고 있는 우리나라의 변호사들은 이러한 개인들의 요구를 법률상의 권리로 뒷받침하면서 이러한 목소리를 더 크게 낼 것이다.

조사하려면 제대로 하세요

우리나라 기업들의 경우를 보면 직원들이 지켜야 하는 규정에 대해서는 두꺼운 책 몇 권 분량의 세세한 규정들까지 두지만, 이를 조사하고 적발하고 처벌하는 조사관들이 지켜야 할 절차에 대해서는 제대로 된 규정을 두고 있는 경우가 드물다.

그러다 보니 제대로 된 동의서도 받지 않고 마구잡이로 개인의 자료를 뒤지는 경우, 아직 위반 사실이 확인되지도 않은 상태에서 주위 동료들이 모두 조사 내용을 다 알아버리는 경우, 절차를 다 뛰어넘어 사직서를 강요하는 경우 등과 같이, 법과 규정을 어긴 사람을 처벌하겠다고 회사가 또 다른 법과 규정을 어기는 경우가 비일비재하다.

과거에는 이렇게 해도 피조사자들이 자신이 잘못이 있어 입을 다물고 있는 순박함이 있었다. 하지만 최근에 경험한 사례와 확인한 동향을 보면, 앞으로는 이러한 조사 절차 및 과정상의 위법행위들이 회사의 또 다른 법적 책임을 불러일으킬 것이 분명하다.

어려운 숙제들

당신이 부패 혐의가 있는 직원의 이메일을 조사하려 하는데 이 이메일들의 상당수는 고객사의 특정 직원과 주고받은 이메일들이다. 물론 당신의 직원은 당신이 이러한 이메일을 보는 것에 대해 동의했다. 하지만 당신은 당신 회사의 직원이 아닌 이 고객사 직원의 동의를 받지 않고 당신의 직원과 고객사 직원이 주고받은 이메일을 보아도 되는가?

당신이 증거 자료가 있을 것으로 예상되는 직원의 컴퓨터 저장 자료를 조사하려고 하는데, 직원은 여기에 자신의 아내 나체 사진이 들어 있으므로 자신에게 이것을 따로 옮길 시간을 주어야 한다고 주장한다. 또 자신이 이러한 자료를 찾아 확인하고 이를 따로 옮기는 동안 다른 사람들은 옆에 있어서는 안 된다고 주장한다. 이 시간 동안 이 직원은 증거 자료들을 지워버릴 것이 분명하다. 이 직원은 자신이 아내 사진을 회사 컴퓨터에 저장한 것이 회사 규정 위반일지는 몰라도 이러한 사진이 컴퓨터에 있다는 것을 알면서 회사가 이것을 옮길 시간을 주지 않고 이를 조사하면 자신의 아내가 회사에 소송을 제기할 것이라고 주장한다. 당신은 바로 이 직원의 컴퓨터를 조사해도 되는가?

당신은 직원이 부패행위의 증거 자료를 저장한 것으로 보이는 외장하드를 발견하고 이를 조사하고자 하나, 그 직원은 이 외장하드는 자신이 자신의 돈으로 산 물건이므로 회사에서 볼 권한이 없다고 주장한다. 당신은 이 직원의 외장하드를 조사할 수 있는가?

당신의 조사 결과, 당신 회사 직원과 고객사 직원 간에 뒷돈 거래가 있었고, 이 고객사 직원은 다른 공급사 직원들로부터도 이러한 뒷돈을 받고 있는 것으로 보인다. 당신은 이를 고객사에 알리면 그간의 뒷돈 거래로 인해 당신 회사와 고객사 간의 거래관계가 끝나버릴 것 같고, 알려주지 않으면 고객사의 피해가 계속 커질 것 같다. 당신은 당신이 확인한 위반 사실을 고객사에 알려야 하는가 알려주지 않아도 되는가?

이러한 상황들은 어느 것 하나 당신이 부패방지 전문 변호사가 아닌 한 쉽게 답할 수 있는 것이 없지만, 또한 당신이 회사의 부패 조사를 할 때 너무나도 쉽게 마주칠 수 있는 상황이다. 이러한 문제들에 대한 고민과 이에 대한 절차와 규정이 없다면 당신은 부패 조사 과정에서 우왕좌왕하며 아무런 성과 없이 시간만 낭비하거나 생각 없이 덤비다가 오히려 당신이 범법자가 되는 황당한 경험을 할 수 있다.

3. 진화하지 않는 부패방지는 진화하는 부패를 막지 못한다

업데이트되지 않는 백신

예전 우리 사무실 직원 한 명은 유독 컴퓨터가 자주 바이러스에 감염되었다. 남자 직원이었더라면 사무실에서 부적절한 웹사이트에 자주 접속하는 것이 아닌지 의심받기 딱 쉬울 정도였다. 매번 바이러스를 치료하고 시스템을 복구하던 전산실 직원이 그 원인을 찾아냈다. 그 이유는 너무나 단순했다. 백신 엔진 업데이트 메시지를 귀찮게 여긴 여직원이 매번 백신 엔진 자동 업데이트 창을 무시하고 그냥 닫아버렸던 것이었다. 아니, 기존에 설치된 백신 엔진이 수만 개인데 그거 몇 개 새로 업데이트 안 했다고 그렇게 자주 바이러스에 감염되나?

전산실 직원의 설명을 듣고 보니 그 이유를 이해할 수 있었다. 바이러스 유포자들도 시기에 따라 사용하는 바이러스를 계속 바꾼다. 보안업체들이 많이 유포되는 바이러스를 파악하여 백신을 만들어 배포하면 그러한 바이러스는 더 이상 힘을 못 쓰기 때문에 유포자들도 잘 안 쓴다. 그러다 보니 90퍼센트의 백신을 설치하더라도 10퍼센트의 새로운 업데이트 백신을 설치하지 않으면 감염 위험이 10퍼센트가 아니라 그 시기에 유포되는 바이러스의 90퍼센트에 감염될 위험에 노출되는 것이다.

막아도 길은 있다

내가 보건의료 부패 문제에 처음 발을 들여놓은 2000년도 전후만 해도 의사들이 제약회사들에게 돈을 받는 방법은 아주 단순했다. 제약회사 계좌에서 의사의 개인 은행계좌로 직접 현금을 송금하는 것이다. 가장 단순하고 편하기는 하지만, 이러다 보니 조사기관의 조사에 쉽게 포착되고, 이에 관한 규제가 강화되기 시작한다.

이후에는 갑자기 의사들이 너도나도 의학연구학회를 만들기 시작했다. 갑자기 학회 설립 붐이 분 것이다. 그 실체를 들여다보니 과거에 제약회사들부터 직접 돈을 받던 의사들 10명이 모여서 학회를 하나 만들고 학회 계좌로 각종 후원금을 받는다. 그 돈은 10명의 의사가 학회 활동이라는 명목으로 나누어 사용한다.

이렇게 너도나도 학회 이름으로 돈을 받자, 조사기관은 이번에는 학회를 감시하기 시작한다. 학회 임원들이 처벌되는 경우도 발생한다.

이제 일방적으로 받는 돈이 한계에 다다르자, 이번에는 의사들이 제약회사와 자문계약을 맺기 시작한다. 제약회사이다 보니 정확한 정보를 전달하기 위해서는 의학전문가인 의사의 자문이 필요하고 제약회사가 의사의 시간과 노력이 들어가는 자문을 받았으니 이에 대한 대가를 의사에게 지급하는 것은 당연하다. 문제는 자문이라는 것이 성격상 그 가치가 정확히 얼마인지 산정하기 어렵다는 것이다. 자문은 형식적인 명목으로 변질되고 자문료는 부풀려지기 시작한다.

광고 역시 마찬가지다. 병원 웹사이트에 제약회사의 배너광고를 설치하고 병원에 광고비를 내는데 이 역시 정확한 가치를 산정하기 어렵다 보니 불균형이 발생하기 시작한다. 이제 자문계약이나 광고계약과 같은 계약관계에 대해서도 조사가 시작된다.

자, 그럼 이제 여기까지 조사하면 의사들의 리베이트 문제는 해결되었을까?

최근에 우연히 알게 된 온라인 구매대행회사는 여러 병원에서 사용되는 소모성 물품을 공동구매하여 낮은 가격으로 살 수 있게 도와준다. 병원 경비 절약에 관심이 많은 의사들은 당연히 이 웹사이트를 자주 방문하게 된다. 그러다 보니 의사들에게 회사와 제품을 많이 알려야 하는 제약회사들은 이 웹사이트에 광고를 하고 이 온라인 구매대행회사에는 광고비를 지급한다. 너무나도 정상적인 거래관계다.

그런데 알고 보니 이 온라인 구매대행회사는 의사 10명이 모여서 설립한 회사이고 이 회사가 받는 광고비 수익은 이 10명의 의사 주주들에게 돌아간다. 이제 이 의사들에게 리베이트를 주고 싶은 제약회사는 이 회사 웹사이트에 광고를 하고 광고비를 내면 된다.

부패행위는 항상 마지막 허점을 찾는다

우리나라 기업들 대부분은 부패방지라는 것은 한번 만들어놓으면 되는 것으로 생각하는 경우가 많다. 두꺼운 윤리규정집 한번 공들여 만들고 직원들 교육 한 번 시키는 문제로 생각한다. 그러다가 정작 부패행위가 적발되면 그간 기강이 해이해졌다고 생각하고 전 직원들을 대상으로 공포 분위기를 한번 조성하는 방식으로 대응한다.

우리는 이 책에서 기업 부패가 바이러스 같은 존재라고 이야기했다. 당신은 왜 매년 늦가을이 되면 작년에도 맞았던 독감백신을 또 맞는가? 당신은 왜 매번 당신 컴퓨터의 바이러스 백신을 업데이트하라는 메시지를 보면 어김없이 OK 버튼을 클릭하는가? 바이러스는 항상 새롭게 진화하는 것이 그 본성이고 이것을 예방하는 백신도 이에 따라 업데이트되어야 비로소 의미가 있다. 기업의 부패방지 시스템 역시 쉼 없이 꾸준히 개선하고 보완해나갈 때 비로소 부패를 막는 시스템으로서의 의미를 가질 수 있다.

최근 1년간 당신의 기업에서는 몇 번이나 부패방지 시스템을 점검하고 보완했는가? 당신 기업의 부패방지 시스템이 1년간 한 번도 바뀌지 않았다면 당신의 기업은 '다소 부족한' 부패방지 시스템을 '가지고 있는' 것이 아니라 '제대로 된' 부패방지 시스템을 '못 갖추고 있는' 것이다. 불과 1년 사이에 기업 부패는 새로운 모습으로 얼마든지 진화할 수 있기 때문이다. 방파제에 구멍이 가운데 나든 바닥에 나든 물이 새는 것은 매한가지다. 진화하는 기업 부패는 진화하지 않는 부패방지 시스템의 빈틈으로 스며들어와 어느 순간 당신의 기업을 익사시킨다.

　실제로 부패행위를 조사하고 적발할 때마다 한결같이 드는 생각은 "사람들 참 똑똑하다"라는 것이다. 어쩌면 이렇게 회사 규정의 허점을 잘 찾아서 기발한 아이디어를 내어 오랜 기간 눈에 띄지 않을 수 있었을까 하는 생각이 절로 든다. 부패행위자는 항상 자신에게 주어진 감시 조건을 주어진 조건으로 받아들이고 이를 전제로 적발되지 않는 길을 찾아내어 개인의 이익을 향유한다.

　이러한 감시 조건을 수시로 점검하고 개선해나가지 않는 것은 마치 창의 10퍼센트 부분을 모기장으로 치고 열린 90퍼센트의 공간으로는 모기가 안 들어오기를 바라는 것과 같다. 당신이 3년 전 만든 윤리규정집 하나에 마음을 놓고 잠들어 있는 동안 당신의 기업은 바이러스 먹은 여직원의 컴퓨터처럼 점점 느려지다가 어느 순간 작동을 멈출지도 모른다.

4. 회사의 노력을 문서로 보여줘라

어디 한번 봅시다

주는 뇌물의 상당수는 회사 경영진의 의지와 상관없이 또는 회사의 방침에 반해 이루어진다. 직원들 입장에서는 높아진 실적 목표를 맞추고 회사에서 살아남기 위해서는 회사에서는 하지 말라고 하지만 무리수를 두지 않을 수 없다. 문제는 법률상 이러한 직원들이 주는 뇌물이 범죄행위에 해당하고 이는 회사의 범죄행위로 평가받는다는 데 있다. 계약서 작성과 같은 적법행위에는 회사 대표자만이 대표권이 있지만, 위법행위에 관해서는 회사 직원의 대표권이 인정되는 셈이다.

이러한 경우에 직원이 아닌 회사 – 그러한 행위를 알지도 못하고 심지어는 금지시킨 회사 – 가 처벌받는 것이 타당한가? 항상 그렇지만은 않다. 그렇다고 이런 경우 회사는 몰랐으니 아무 잘못이 없다고 할 수도 없다. 이렇게 되면 이를 악용하는 회사들이 평소에는 직원들의 위법행위를 모른 체하면서 직원들이 올리는 영업 실적의 이익만 누리다가 문제가 생기면 해당 직원만 잘라내고 다른 직원들을 통해서 또다시 이를 반복할 것이기 때문이다.

이러한 경우에 우리나라 법원은 회사가 이를 방지하기 위해 충분한 노력과 실질적인 조치를 취했는지 여부에 따라 회사의 책임을 달리 보는 경우가 많다. 회사가 직원들의 숨은 행위를 다 알 수는 없지만, 언제든지 이러한 행위가 일어날 수 있는 가능성을 인식하고 이를 차단하기 위해 필요한 조치를 취했는지를 보는 것이다.

문제는 여기서부터다. 이 시점에서 우리가 회사 준법감시부 직원들과 마주 앉으면 회사 직원들은 자신들이 이러한 행위를 하지 못하도록 얼마나 많은 노력을 했는지 침을 튀기며 말한다. 우리가 "애 많이 쓰셨네요. 이제 그에 관한 자료를 정리하여 법원에 제출해야겠습니다"라고 말하면, 순간 분위기가 싸해진다. 그토록 준법교육도 하고 내부조사도 하고 법률위반검토도 했다는데 그에 관한 자료가 하나도 남아 있지 않다.

판사는 서류로 세상을 본다

엉성한 남의 회사의 일로 치부할 것이 아니다.

당신 회사에서 가장 최근에 준법교육을 한 것은 언제인가?

당시 행사 내용 중에 준법교육이 포함되어 있는 행사진행표는 남아 있는가?

준법교육에 참석한 직원들은 모두 몇 명이었는가?

참석한 직원들의 확인 서명은 보관해두었는가?

준법교육에 대한 강의 자료는 남아 있는가?

직원들이 준법교육 내용을 제대로 숙지했는지 확인하는 절차
는 기록으로 남아 있는가?

법원의 판결에 불만을 가지고 찾아오는 의뢰인들을 만나보면
법관이 '진실'을 밝혀주지 못했다고 비난하는 경우가 많다. 자신은
가만히 고개 숙이고 있으면 판사가 솔로몬의 지혜를 발휘하여 자
신이 진짜 어머니라는 진실을 밝혀줄 것이라고 기대하고 있다가,
그러한 기대를 충족시켜주지 못하면 썩은 판사라고 비난한다.

대전에서 공사계약분쟁이 있었다. 공사비가 5억 원인 공사였는
데 건축주나 공사업자나 모두 그 지역에서 태어나 자란 사이이다
보니 계약서는 달랑 한 장이다. 의미 있는 내용은 누가 누구의 건
물을 공사해주고 누구는 공사비로 얼마를 준다는 내용이 전부이
고, 나머지는 모두 당사자들이 신의성실로 계약을 이행하고 분쟁
이 생기면 상호 협의하여 원만히 해결한다는 있으나 마나 한 내용
들이다. 공사를 언제부터 시작해서 언제까지 끝내야 하는지, 공사
한 건물은 어떠한 요건들을 맞추어야 하는지 아무런 내용이 없다.

이들은 공사가 제대로 되었는지를 놓고 서로 말이 엇갈려 법정에 서게 되었다.

재판장님의 한 마디. "이건 제게 오판을 강요하는 셈이군요."

그 자리에는 분명히 당신과 공사업자 둘만이 있었다. 당신들이 서로 무슨 말을 했는지 — 서로 같은 말을 했다는 보장도 없고 같은 말을 했다고 같은 내용으로 이해했다는 보장은 더욱 없고 대부분의 경우에는 서로 다른 말을 한 경우가 더 많다 — 법정에 있는 판사가 무슨 수로 알 수 있겠는가? 어떠한 분쟁이 생길 수 있을지 분쟁이 생기면 지금 당사자들 간의 합의를 제3자에게 어떻게 확인시킬 수 있을지 아무런 고민도 준비도 없이 자신들끼리 일 처리를 해놓고서 이제 판사에게 진실을 밝혀내라고 내미는 것이다.

판사는 신과 같이 '진실'을 밝혀주는 사람이 아니라 제출된 증거들을 통해서 확인할 수 있는 '사실'을 찾아내는 사람이다. 그리고 이를 위해서 필요한 증거들을 제출할 수 있는 사람은 당사자들밖에 없다.

"판사는 서류를 통해 세상을 본다"는 법조계의 말이 있다. 특히 우리나라와 같이 위증률이 높은 법률 문화에서는 더욱 그러하다. 이러한 경우 중 심각한 예를 하나 더 살펴보자. 법정에 선 피고와 원고는 모두 존경받는 목사님이다. 한 분은 돈을 빌려주셨다고 하나 차용증은 받지 않았고, 다른 한 분은 돈을 받은 적이 없다고 한다. 두 분 모두 눈물로서 자신의 결백함을 호소한다. 당신은 누구의 말을 믿고 판단하겠는가?

빠짐없이 기록으로 남겨라

당신이 매일 부패방지 조사를 한다고 하더라도 당신 기업의 직원 누군가는 자신의 이익을 위해 무리수를 둘 것이고 당신은 이것을 모두 찾아낼 수 없다.

그러나 당신은 이를 막기 위해 많은 노력을 했다. 그렇다면 그 노력을 제3자에게도 보일 수 있어야 한다. 당신의 기억 속에만 남아 있는 당신의 부패방지 노력은 당신 스스로를 위로하는 데에는 도움이 될 수 있지만 직원들의 부패행위로부터 당신을 보호해주지는 못한다. 당신이 이러한 부패방지 노력을 위해 얼마나 많은 영업상의 기회를 포기했는지 강변하지 말라. 나중에 가서 판사와 검사가 당신의 노력과 열성을 알아주지 않는다고 그들을 비난하지 말라. 아무도 할 수 없는 일을 그들이 하지 않았다고 그들을 비난하는 것은 온당하지 않다. 비난받아야 하는 것은 당신의 잘못된 일처리 방식이다. 당신의 노력 하나하나를 빠짐없이 기록으로 남겨라. 그것만이 당신을 억울함에서 보호해줄 수 있다.

5. 외부조사에 대응하는 절차를 만들라

우왕좌왕

지금 갑자기 당신 회사에 검찰 조사관들이 조사를 위해 찾아왔다.

당신 회사의 안내 직원은 이들을 어디로 안내하도록 되어 있는가?

누가 처음 이 조사관들을 맞이하도록 되어 있는가?

당신 회사의 직원들에게는 누가 어떻게 이 조사 사실을 알리도록 되어 있는가?

기업 내의 부패행위는 많은 경우 범죄행위에 해당하고 외부기관의 조사를 수반하게 된다. 어떠한 회사는 이러한 조사 한 번에 회사가 휘청대기도 하고, 어떠한 회사는 이러한 순간과 이로 인한 피해를 빠른 기간 내에 회복하고 정상 상황으로 복귀하는 — 요즘 유행하는 — '회복탄력성'을 보이기도 한다.

당신의 회사는 어느 경우인가?

오사례들

사례 하나 _ 회사에 조사관들이 들이닥쳤다는 연락을 뒤늦게 받고 회사로 달려갔다. 이미 조사가 시작된 상황이라 조사관들이 있는 회의실에 바로 들어가 같이 앉아야 했다. 그런데 그 회의실은 조사 대응을 담당한 임원 바로 옆방이었다. 조사관들과 나란히 앉아 있는데 임원 방에서 어떠한 자료는 내고 어떠한 자료는 숨기자는 대화 내용이 벽을 타고 고스란히 들려왔다. 조사관들도 나도 아무 말도 하지 못했다.

젠장!

사례 둘 _ 조사관들이 미국에 본사를 두고 있는 다국적회사의 국내 자회사에 들이닥쳐 직원에게 확인서를 읽어보고 서명하라고 내밀었다. 담당 직원은 대뜸 우리는 본사 규정상 직원이 회사를 대표하여 어떠한 확인서에도 서명하지 못하도록 되어 있다며 확인서를 읽어보지도 않았다. 가뜩이나 외국계 회사들의 고압적인 대응에 신경이 서 있던 조사관의 심기를 건드렸다.

한바탕 피바람이 불었다.

사례 셋 _ 조사 대응 업무를 누가 맡을 것인지 실랑이를 하다가 법률문제이니 법무팀에서 맡기로 했다. 조사 대응 업무를 맡은 법무팀은 회사에 법률 피해가 발생하지 않도록 하는 것에 몰두했다. 그러다 보니 회사가 고객사들에게 준 뒷돈은 고객사들이 이러한 뒷돈을 챙겨주지 않으면 더 이상 거래를 안 하겠다고 협박해서 어쩔 수 없이 준 것이라고 사실대로 설명했다. 고객사들로부터 받은 서신 중 이러한 내용이 담긴 자료도 보여주었다. 회사를 보호하는 데만 급급해 고객사에게 피해가 갈 수 있다는 점을 생각하지 못한 것이다. 이러한 점이 참작되어서 회사는 다소 가벼운 처벌을 받았지만, 뒷돈을 요구한 고객사들에게 불똥이 튀었다. 이 회사는 같은 시기에 조사를 받은 다른 경쟁사들에 비해 벌금 몇 천만 원을 아꼈지만 고객사들은 이 회사를 믿을 수 없는 회사라고 낙인찍고 거래를 끊기 시작했다. 이후 이 회사의 매출은 수십억 원 이상 급감했다. 이러한 피해는 5년이 지난 지금도 완전히 회복되지 못하고 있다.

어떻게 조사받을지 준비하라

기업이 정부기관의 조사를 받는 것은 유쾌한 일이 아니다. 그러나 유쾌하지 않은 것과 이에 대한 준비를 하지 않는 것은 별개의 문제다. 아니, 유쾌하지 않은 일이고 위험한 순간이기 때문에 더 잘 준비해야 한다.

나는 한때 한 외국 기업의 자문을 맡은 적이 있다. 당시 그 회사가 가지고 있던 매뉴얼을 보고 깜짝 놀랐다. 외부 조사관이 올 경우 안내직원은 무슨 얘기를 하고 조사관들로부터 무엇을 확인하며 어느 회의실로 안내하고 어느 임원에게 연락하며 누가 가서 조사관들에게 인사하고 최고경영자는 어느 시점에서 조사관들과 어떠한 인사를 나누어야 하는지 모두 상세하게 정해져 있었다. 심지어는 조사관들이 며칠 상주할 회의실에 구비해놓을 물품까지 다 정해져 있었다.

실무에서 잘못 들어간 자료 하나를 해명하려면 100시간, 200시간의 노력을 들여야 한다. 그래도 해명이 안 되는 경우가 더 많다. 그리고 이러한 자료의 상당수는 회사가 우왕좌왕한 조사 초기에 조사관들의 손에 들어간다.

당신의 기업이 외부기관의 조사를 받더라도 빨리 회복될 수 있는 능력을 갖고 싶은가?

그렇다면 준비하라!

초일류기업과 초일류국가를 위하여

지아 샤오 미국 보스턴대 교수의 연구에 따르면, 부패인식지수를 한 단위 높이면 1인당 국내총생산(GDP)이 1.7퍼센트나 올라간다.

'부패가 경제성장과 외국인 투자에 미치는 영향', 2008.

우리는 지금까지 기업 부패방지에 대한 우리나라 기업들의 인식의 대전환을 필요로 하는 경영 환경의 변화와 그 실천적 방안 몇 가지를 살펴보았다. 꼴찌가 상위권에 오르기 위해서는 국영수를 포기하고 암기과목만 전력투구하는 것도 방법이 될 수 있다. 국영수가 성적에서 중요한 과목이고 가장 기초적인 과목일지라도 꼴찌가 단기간 내에 상위권에 오르는 전략을 위해서는 과감하게 포기할 수도 있다. 거기에 투자할 시간을 암기과목에 쏟아 부어서 총점에서는 오히려 더 좋은 결과를 얻을 수 있다. 전쟁의 폐허 속에서 불과 50년 만에 세계 10대 경제대국의 자리에 오르기 위해 우리나라와 우리 기업들 역시 기업 부패의 문제에 대해서는 눈을 감고 성장을 위해 달려왔기에 오늘의 기적적인 경제성장을 이루었다.

그러나 10위에서 1위로 오르려면 국영수를 포기하는 것은 더 이상 방법이 될 수 없다. 국영수를 포기하고도 꼴찌에서 10위로 오를 수 있었다고 계속해서 암기과목만 파면서 이대로 1위까지 오르겠다고 생각하는 것은 바보다. 상위권이 자신의 지위를 강화하기 위해 국영수의 비중을 지금보다도 더 높이는 상황이라면 더욱 그러하다.

삼성으로 대표되는 우리나라 기업들이 세계 초일류기업이 되려면, 그리고 우리나라가 국민소득 2만 불의 한계를 벗어나려면, 이제는 우리가 뒤로 미뤄두었던 기업 부패의 문제에 우리의 노력과 지혜를 집중해야 한다. 바닥에서 중상위권까지 달려온 시점에서 이제 상위권으로 도약하기 위해서는 미뤄두었던 국영수에 땀과 시간을 투자해야 하는 것이다. 이것은 국어사랑과 같은 감정적인 문제가 아니라 성장전략과 효율성의 문제다. 우리나라와 우리 기업들에게 기업 부패의 문제는 이제 세계 단일 시장에서의 경영전략의 문제이고 치밀한 경제 분석에 기초한 비용과 효용의 문제다.

더 이상 주는 뇌물에 눈 감고, 우연히 적발된 받는 뇌물에 대해 노발대발하는 허술한 방식으로는 우리가 꿈꾸는 초일류국가, 초일류기업으로 나아갈 수 없다. 부패국가, 부패기업의 낙인과 늘어나는 부패 비용의 족쇄를 찬 상태로 무작정 밀어붙이는 전략으로는 세계 시장에서 한 발짝도 더 나아갈 수 없다. 더 나아가기는커녕 이미 우리의 이러한 약점을 간파하고 있는 세계 경쟁자들에 의해 치명상을 입고 밀려나 결국 역사의 뒤안길로 사라질 수밖에 없다.

우리는 흔히 삼성의 경쟁자라고 하면 미국의 애플 사를 떠올린다. 다시 이 책의 뒤표지를 보라. 정말 그러한가? 그 실체를 들여다보면 정작 삼성을 위협하는 것은 애플이나 모토롤라와 손잡은 구글이 아니다. 삼성을 포위하고 있는 것은 반부패에 관한 국제기구들이고, 세계 자본의 이익을 대변하는 미국의 언론들이고, 소셜미디어고 내부고발자다.

삼성은 애플과 맞서면서도 나름대로 현재 자신이 차지한 위치를 지켜갈 수 있다. 그러나 삼성이 정작 자신의 목을 조르고 있는 이러한 세계 경영 환경의 변화가 어떠한 의미로 다가올 것인지, 앞으로 삼성을 어떠한 모습으로 압박해올 것인지 제대로 인식하지 못하고 이를 거스를 때 세계 시장에서 삼성이 설 자리는 빠른 속도로 사라질 것이다.

눈에 잘 보이지 않는 적이라고 해서 눈에 잘 보이는 적보다 더 약한 것이 아니다. 문명이 발달하지 않은 시기에도 인류는 홍수를 막기 위해 둑을 쌓았고 가뭄에 대비해 보를 만들었다. 그러나 정작 그들을 죽음으로 이르게 한 것은 그들의 눈에는 보이지 않았던 질병이고 병균이고 바이러스였다. 선구적인 과학자들은 오래전부터 이러한 사망의 원인을 찾아내고 이를 예방하는 방법을 만들고 이에 대한 인류의 노력을 호소했지만, 사람들은 오랜 기간 동안 여전히 홍수를 막겠다고 둑을 쌓으면서도 정작 자신이 왜 병들고 죽는지를 깨닫지 못하고 서서히 죽어가야 했다. 그 중 몇몇은 뒤늦게 그 원인을 알게 되었지만 그때는 이미 보이지 않는 바이러스가 자신의 손과 발을 썩게 만들고 있었고 더 이상 되돌릴 수 없었다.

우리가 살고 있는 이 시대에는 세계 단일 시장의 흐름을 타고, 부패의 약점을 안고 있는 경쟁 기업들을 제거하는 반부패의 칼날을 타고, 내부고발자에게 천문학적인 보상을 하는 사회적 흐름을 타고, 성공보다는 공정을 요구하는 소셜미디어의 관계망을 타고, 자신의 정체성을 더럽히는 브랜드는 철저하게 외면하는 소비자 마인드의 변화를 타고 반부패의 움직임이 전 세계로 빠르게 퍼져 가고 있다. 이제 이러한 변화를 인식하지 못하고 이에 대응하지 못하는 국가와 기업들은 도태될 수밖에 없다. 우리나라 기업들의 반부패를 향한 강력한 드라이브와 이를 뒷받침하는 법과 제도 없이는 초일류기업 삼성, 초일류국가 대한민국은 없다.